Abrindo as portas
da escola infantil

H813a   Horn, Maria da Graça Souza.
         Abrindo as portas da escola infantil : viver e aprender nos espaços externos / Maria da Graça Souza Horn, Maria Carmen Silveira Barbosa. – Porto Alegre : Penso, 2022.
         xxi, 159 p. : il. ; 23 cm.

         ISBN 978-65-5976-003-9

         1. Educação infantil. 2. Ambiente escolar – Organização. I. Barbosa, Maria Carmen Silveira. II. Título.

CDU 373.21

Catalogação na publicação: Karin Lorien Menoncin – CRB 10/2147

Maria da Graça Souza Horn
Maria Carmen Silveira Barbosa

Abrindo as portas da escola infantil
viver e aprender nos espaços externos

penso

Porto Alegre
2022

© Grupo A Educação S.A., 2022.

Gerente editorial
Letícia Bispo de Lima

Colaboraram nesta edição:
Coordenadora editorial
Cláudia Bittencourt

Concepção da capa
Paulo Fochi

Foto da capa
Alessandra Chaves

Arte-final da capa
Kaéle Finalizando Ideias

Preparação de original
Maria Lúcia Badejo

Leitura final
Paola Araújo de Oliveira

Editoração
Ledur Serviços Editoriais Ltda.

Reservados todos os direitos de publicação ao GRUPO A EDUCAÇÃO S.A.
(Penso é um selo editorial do GRUPO A EDUCAÇÃO S.A.)
Rua Ernesto Alves, 150 – Bairro Floresta
90220-190 – Porto Alegre – RS
Fone: (51) 3027-7000

SAC 0800 703-3444 – www.grupoa.com.br

É proibida a duplicação ou reprodução deste volume, no todo ou em parte, sob quaisquer formas ou por quaisquer meios (eletrônico, mecânico, gravação, fotocópia, distribuição na Web e outros), sem permissão expressa da Editora.

IMPRESSO NO BRASIL
PRINTED IN BRAZIL

Autoras

Maria da Graça Souza Horn *(in memoriam)*
Especialista em Educação Infantil pela Universidade Federal do Rio Grande do Sul (UFRGS). Mestra em Educação Infantil pela Pontifícia Universidade Católica do Rio Grande do Sul (PUCRS). Doutora em Educação Infantil pela UFRGS.

Maria Carmen Silveira Barbosa
Professora do Programa de Pós-graduação em Educação da UFRGS. Especialista em Alfabetização em Classes Populares pelo Grupo de Estudos sobre Educação, Metodologia da Pesquisa e Ação (GEEMPA) e em Problemas no Desenvolvimento Infantil pelo Centro Lidia Coria. Mestra em Planejamento em Educação pela UFRGS. Doutora em Educação pela Universidade Estadual de Campinas (Unicamp).

Aos nossos alunos e alunas, que,
junto com as crianças,
construíram conosco esta caminhada.

Agradecimentos

Agradecemos de modo muito especial às professoras Carolina Gobbato, Eleonora das Neves Simões, Daniele Marques Vieira, Larissa Kautzmann, Vanessa Cristina Melo Randia e Luciane Varisco por suas valiosas contribuições, por meio dos relatos de experiências que ilustram e referendam os aportes teóricos deste livro.

Apresentação

Este é um livro realmente necessário para a área da educação infantil. Como campo de conhecimento e como campo de prática profissional, precisamos das informações, das reflexões e das orientações que Maria da Graça Souza Horn e Maria Carmen Silveira Barbosa (Lica) apresentam. Há muito tempo, desde teóricos clássicos da psicologia, como Henri Wallon e Lev S. Vygotsky, até a teoria socioecológica de Bronfenbrenner, sabemos da influência do meio na constituição das pessoas. No entanto, cada vez mais, é preciso focar no papel dos espaços externos das escolas nesse processo e indicar a necessidade de **abrir as portas da escola infantil** para favorecer o desenvolvimento mais rico e pleno das crianças.

Vivemos um período mais que difícil, trágico. Muitas limitações, sofrimentos e demandas antes impensáveis nos impõem repensar aspectos fundamentais das políticas (como as de financiamento e de formação) e das práticas pedagógicas. Um desses elementos é como concebemos e usamos os espaços externos das instituições.

Saber mais sobre esse tema e se deixar tocar pelas ótimas experiências aqui relatadas certamente terá consequências na qualidade das propostas feitas às crianças, mesmo no momento que estamos vivendo (e até quando?), impossibilitados de estabelecer contatos presenciais com elas. Isso porque, como é muito evidenciado ao longo de todo o livro, o investimento na direção de **viver e aprender nos espaços externos** se insere em uma determinada abordagem pedagógica, expressando e alimentando concepções de criança, de papel de professor e de função da educação oferecida a esses sujeitos.

Nos diversos capítulos também é explicitada a estreita relação entre o cardápio de experiências vividas pelos bebês, crianças bem pequenas e pequenas nas instituições educativas e os valores que prevalecem na sociedade. É impossível não conectar, por exemplo, a existência de escolas que privilegiam as muitas explorações, encantamentos, partilhas e aprendizagens em bosques, como acontece na Dinamarca, com as preocupações dessa nação em torno do ambiente e a consciência da necessidade de propiciar condições às crianças para que se familiarizem, desenvolvam amor à natureza e, portanto, desejem protegê-la e preservá-la.

Em uma sociedade como a brasileira, em que a consciência ambiental ainda engatinha e muitas vezes as reivindicações e lutas de grupos contra ações que ameaçam o equilíbrio ecológico são vistas como obstáculo ao "desenvolvimento", ações bem mais restritas ainda são raridade. Felizmente, essas iniciativas existem e são bastante procuradas pelas famílias que comungam com os seus princípios; no entanto, a maioria das crianças não tem acesso a elas e permanece confinada a ambientes internos, com poucas oportunidades de contato com a natureza ou com espaços públicos diversificados.

Quando prevalece a não escuta das crianças e a desconsideração das suas reais necessidades, as instituições de educação infantil reproduzem preconceitos, receios e crenças presentes na sociedade. Um dos resultados disso é a ênfase na suposta transmissão de conhecimentos e habilidades preestabelecidos como importantes para o sucesso na etapa seguinte, o ensino fundamental. Assim, o espaço interno é visto como o espaço das aprendizagens que, de fato, importam, geralmente restritas a conteúdos escolares, com destaque para a alfabetização ou atividades consideradas preparatórias para ela. Nesse contexto, o espaço externo é concebido apenas como um local de "escape", onde as crianças podem apenas correr, pular, balançar, etc. Portanto, esses pátios geralmente não merecem muita atenção dos gestores e dos professores em relação à sua qualidade, e o tempo para a sua ocupação pelas crianças é bem delimitado.

No entanto, é justamente pelas múltiplas funções (aparentemente desconhecidas ou desconsideradas pelos adultos) que esse espaço e esse tempo têm na vida das crianças que elas valorizam muito o chamado recreio, por vezes as únicas oportunidades de uso das áreas externas às salas de atividades. Entre outras pesquisas, a de Santos (2015, p. 113) revelou que as crianças o consideram o momento mais importante de sua rotina e não admitem sua supressão: afirmam que, caso isso acontecesse, ficariam muito tristes e "iam mudar de escola".

Por que o recreio assume tamanha importância para as crianças, mesmo que aconteça em condições precárias?[1] Em diversas passagens deste livro, as autoras e as convidadas que narram suas experiências evidenciam as diversas possibilidades que se abrem para as crianças quando elas têm a chance de entrar em contato direto com ambientes externos, especialmente

---

[1] As crianças ouvidas na pesquisa citada anteriormente, por exemplo, reclamavam dos brinquedos quebrados e diziam que precisavam "Pedir a Deus pra ter brinquedo mais novo, e um hospital de brinquedos..." (SANTOS, 2015, p. 114).

quando são ricos, belos, diversos, instigantes, acolhedores. Ambientes nos quais elas podem, desde a mais tenra idade, se desafiar, explorar, compartilhar, experimentar, testar hipóteses! O envolvimento das crianças nessas interações com o mundo físico, especialmente com os elementos da natureza, além de dar muito prazer a elas, favorece muitas aprendizagens nos mais diversos aspectos, isto é, promove o desenvolvimento integral das crianças, citado desde a Lei de Diretrizes e Bases (LDB) como objetivo da educação infantil. Portanto, desde 1996, a legislação pode embasar um trabalho que amplie as possibilidades limitadas do espaço interno. As Diretrizes Curriculares Nacionais para a Educação Infantil (DCNEIs) são mais explícitas em relação a esse tema: indicam que as práticas pedagógicas que compõem a proposta curricular da educação infantil devem garantir, entre outras, experiências que "Incentivem a curiosidade, a exploração, o encantamento, o questionamento, a indagação e o conhecimento das crianças em relação ao mundo físico e social, ao tempo e à natureza" (BRASIL, 2010, p. 26). Os direitos de aprendizagem, definidos na Base Nacional Comum Curricular (BNCC; BRASIL, 2018), também podem embasar legalmente opções no sentido de estimular novas oportunidades de brincar, conhecer-se, conviver, explorar, expressar-se e participar em ambientes externos, que sejam mais interessantes e justas em relação à potência das crianças.

Além da referência que é mais conhecida entre nós, de Reggio Emilia, na Itália, na qual o espaço assume o papel de outro educador, em outros países também tem havido uma atenção especial a esse componente da prática educativa. Como apontam Imms e Tanza (2019), um exemplo é o documento "Belonging, being e becoming: the early years learning framework for Australia – EYLF", um componente importante do National Quality Framework para a educação e cuidado das crianças, em que é enfatizado que tanto ambientes internos quanto externos promovem todas as possibilidades de aprendizagens das crianças e estimulam trocas e aprendizagens colaborativas entre elas e delas com os educadores e com a comunidade circundante.

No Brasil, apesar do amparo legal e das bases teóricas já conhecidas, a realidade indica a persistência de ambientes externos pobres e pouco usados, como já referido. Uma hipótese que também pode ajudar a compreender essa situação é que os adultos têm dificuldades de aceitar o protagonismo das crianças, ao contrário da acepção de Borghi (2015, p. 120, tradução nossa), um dos pontos a serem considerados na avaliação dos contextos educativos é justamente se ele "[...] favorece a autonomia e permite às crianças a possibilidade de escolher livremente as atividades que desejam realizar". Ao detalhar o que considera indicadores de qualidade do espaço, o autor se detém no seu papel na promoção da autonomia das crianças e afirma a necessidade de, resguardadas as normas de segurança, eliminar os obstáculos e barreiras colocados em nome do cuidado e da proteção, chamando a atenção para o fato de a conquista da autonomia poder ser dificultada por uma equivocada noção de cuidado e uma descrença nas capacidades das crianças.

Além da visão da criança como mais frágil do que é, a resistência quanto ao uso dos espaços externos também pode estar na associação usual entre eles e as brincadeiras das crianças. Diferentemente do jogo pedagógico e de outras atividades propostas e dirigidas pelos adultos, na brincadeira predominam as criações, os desejos e as decisões infantis, inclusive às vezes burlando normas estabelecidas. O receio diante da falta de controle dos adultos pode ser incrementado pela ideia bastante forte do espaço externo como potencialmente perigoso. Assim, cada vez mais, as crianças são confinadas e restritas a espaços internos, mantidas distantes da natureza e da comunidade da qual fazem parte. A escola se torna, na metáfora usada por Tonucci (2019), uma reprodução do "cercadinho" em que as famílias colocam os bebês, supondo que seja o melhor lugar onde podem estar.

Essas e outras dificuldades e receios dos adultos (profissionais e famílias) precisam ser levados em conta, em um processo de formação acolhedor que possa fomentar mudanças efetivas. No relato sobre a experiência do Centro de Educação Infantil Cantinho Feliz da Irmã Clementina, em Curitiba, é evidente a importância dos momentos formativos da equipe. Além da leitura de trabalhos que trouxessem outras referências, como o "Crianças da natureza", de Léa Tiriba, também é referido que o grupo discutiu vídeos que tratavam de experiências já em curso, como a da Casa Redonda, em São Paulo, e documentários, como os do projeto "Território do brincar". Assim, "Retomaram suas memórias de infância, trocaram ideias, risadas e preocupações" (p. 82).

Nas trajetórias percorridas pelas redes municipais de Joinville e de Novo Hamburgo, que compõem o último capítulo do livro, esse aspecto também é destacado. Os dirigentes e profissionais tiveram oportunidade e tempo para conhecer as contribuições de vários autores sobre diversos aspectos que envolvem o brincar e a utilização de espaços externos, tiveram contato com ideias e ações registradas em filmes (como "Tarja Branca" e "Sementes do Nosso Quintal"), construindo novos conhecimentos, transformando crenças, redescobrindo/ampliando sua dimensão brincante.

Além disso, houve a participação das famílias das crianças, parceiros necessários de todo o processo educativo que também precisam ser considerados e envolvidos. Esse respeitoso processo coletivo lança as bases para uma participação ativa e a corresponsabilização que possibilitam não só a elaboração, mas a implantação de propostas de intervenções: reorganizar os espaços, derrubar paredes, plantar árvores e plantas, substituir cimento por terra ou grama...

Fica a certeza de que mudanças são possíveis, e elas são um presente para as crianças viverem o seu presente, a sua infância. A história nos traz o alento da proposta ainda hoje inovadora das escolas parque, equipamentos públicos idealizadas por Mário de Andrade, e as recentes experiências de municípios brasileiros, aqui relatadas, mostram que as crianças pobres podem ter acesso a creches e pré-escolas que oferecem ótimos espaços e materiais para as suas brincadeiras, explorações, aventuras, aprendizagens. Isso se torna ainda mais importante quando lembramos que boa parte dessas crianças, a maioria da população, via de regra, não tem essas oportunidades em suas próprias moradias e no entorno delas, com escassos parques e praticamente nenhuma área que se assemelhe a uma floresta ou bosque.

No decorrer deste livro são trazidas ricas contribuições de diversos autores que ampliam o nosso conhecimento sobre diferentes aspectos relativos à brincadeira e ao uso de espaços externos. Ao mesmo tempo, além das referências que os vários relatos já trazem, as autoras também nos oferecem generosas sugestões práticas para a organização dos espaços externos, que incluem indicações para o planejamento de diferentes áreas, a escolha dos tipos de materiais e brinquedos que podemos colocar à disposição das crianças e a possibilidade de lhes proporcionar um "jardim de segredos". Sugestões derivadas de uma concepção que reconhece esses espaços como recursos potentes e que prevê que serão os mais utilizados pelas crianças. Portanto, exigem um planejamento muito cuidadoso para que expressem e favoreçam a proposta pedagógica, como é evidente em várias publicações, como o livro de Fortunati, Fumagalli e Galluzzi (2008).

Todo esse conjunto é fundamental para provocar reflexões sobre as escolhas feitas e deve ter um papel fundamental na construção de propostas de mudanças. Afinal, como afirma Borghi (2015, p. 121, tradução nossa): "Uma atitude reflexiva sobre o trabalho educativo só faz sentido na medida em que constitui o ponto de partida, a força motriz que impulsiona mudanças".

Encerro expressando a minha gratidão pela oportunidade de conhecer em primeira mão este trabalho primoroso e convidando o(a) leitor(a) a também se deixar tocar por tudo que é informado, narrado e sugerido. Que ele provoque reflexões, leve a problematizações e instigue mudanças!

Silvia H. V. Cruz
Doutora em Psicologia Escolar pelo
Instituto de Psicologia da Universidade de São Paulo (USP),
com pós-doutorado na Universidade do Minho, Portugal.

REFERÊNCIAS

BORGHI, B. Q. *Nido d'infanzia*: buone prassi per promuovere il benessere e la qualità della vita dei bambini. Trento: Erickson, 2015.

BRASIL. Ministério da Educação. *Base Nacional Comum Curricular*. Brasília: MEC, 2018.

BRASIL. Ministério da Educação. Secretaria de Educação Básica. *Diretrizes Curriculares Nacionais para a Educação Infantil*. Brasília: MEC, 2010.

FORTUNATI, A.; FUMAGALLI, G.; GALLUZZI, S. *La progettazione dello spazio nei servizi educativi per l'infanzia*. Azzano San Paolo: Junior, 2008.

IMMS, W.; TANZA, C. Design and use of innovative learning environment. *In*: GHERARDI, V. (ed.). *Spazi ed educazione*. Canterano: Aracne, 2019. (Didattica e Ricerca, 5). p. 105–116.

MEIRELLES, R. (org.). *Território do brincar*: diálogo com escolas. São Paulo: Instituto Alana, 2015.

SANTOS, C. O. *As concepções das crianças, professora e coordenadora pedagógica sobre o recreio como atividade da rotina em uma escola pública de educação infantil na cidade de Fortaleza*. 2015. Dissertação (Mestrado em Educação) – Faculdade de Educação, Universidade Federal do Ceará, Fortaleza, 2015.

SEMENTES do nosso quintal. Direção de Fernanda Heinz Figueiredo. [S. l.]: Zinga, 2012. 1 vídeo (118 min).

TARJA branca. Direção de Cacau Rhoden. São Paulo: Maria Farinha Filmes, 2014. 1 vídeo (80 min).

TIRIBA, L. Crianças da natureza. *In:* SEMINÁRIO NACIONAL CURRÍCULO EM MOVIMENTO, 1., 2010, Belo Horizonte. *Anais [...]*. Brasília: MEC, 2010. Disponível em: http://portal.mec.gov.br/docman/dezembro-2010-%20pdf/7161-2-9-artigo-mec-criancas-natureza-lea-tiriba/file. Acesso em: 18 abr. 2021.

TONUCCI, F. Spazi per vivere, spazi per imparare, spazi per giocare. *In:* GHERARDI, V. (ed.). *Spazi ed educazione*. Canterano: Aracne, 2019. (Didattica e Ricerca, 5). p. 29–40.

Prefácio:
As portas abertas pelas Marias

Em uma das últimas escolas de educação infantil em que trabalhei, um menino chamado Bernardo constatou que eu seria a pessoa "mais grande" da escola, pois era o que "mais perto do fim da porta chegava". Lendo este belíssimo livro, provocado pelo título *Abrindo as portas da escola infantil: viver e aprender nos espaços externos*, me lembrei da constatação de Bernardo e me peguei pensando sobre as inúmeras portas que a Maria da Graça Souza Horn e a Maria Carmen Silveira Barbosa abriram no campo da educação infantil brasileira. Nas páginas deste novo livro, há um acúmulo de muitos anos como formadoras e pesquisadoras de temas relevantes para a vida dos professores da educação infantil, mas há, também, muita generosidade e compromisso em compartilhar seus saberes e ideias, característica que ambas carregam e que a leitura do livro nos permite perceber.

A Maria da Graça e a Maria Carmen são vozes fundamentais no campo da educação infantil. Horn (2004) nos provocou com seu primeiro e importante livro sobre as cores, os sabores e os aromas de uma sala de educação infantil. Barbosa (2006), com amor e com força, nos ensinou a pensar no cotidiano como espinha dorsal de um currículo na infância. Juntas, Barbosa e Horn (2008) apresentaram a discussão fundamental sobre o que são projetos na e para a educação infantil.

Mais uma vez, Horn e Barbosa, neste livro, nos convidam a refletir e propõem que pensemos na vida que acontece do lado de fora, nas aprendizagens e nas oportunidades que podemos criar quando entendemos que o ambiente da escola não se resume a uma sala, mas se trata de um contexto mais amplo e diverso. E nos mostram, a partir de um quadro teórico plural, que na tradição do pensamento pedagógico da educação infantil existem todos os ingredientes do que hoje se reconhece como inovador e necessário para uma educação do século XXI.

O *lado de fora* neste livro não é um tema atravessado pela nostalgia de uma infância perdida, é problematizado e apresentado como um conteúdo central para a formação dos professores e como experiência fundamental para que os meninos e as meninas possam crescer e viver nos contextos educativos. É por isso que as autoras optaram por trazer algumas experiências inspiradoras em que o quintal, o pátio ou o jardim são protagonistas, para mostrar a viabilidade e as possibilidades de como se pode qualificar o lado de fora em outras instituições. E essas experiências, não por acaso, são narradas pelas próprias vozes de quem faz – como escolha ética, estética e política – com que o lado de fora seja efetivamente espaço para viver e aprender.

Neste livro, assim como nos outros títulos que a Maria da Graça e a Maria Carmen assinam, somos pegos pela mão e guiados em um caminho para descobrir, redescobrir e aprender sobre a vida que pulsa no lado de fora. É um texto com endereço – aos profissionais da educação infantil – e com esperança de que as portas estejam sempre abertas para as crianças descobrirem o mundo a que acabam de chegar.

Eu poderia parar por aqui, já que penso ter feito o devido destaque à relevância da temática do livro, mas a proximidade que tenho com as autoras me força a querer dizer um pouco mais. Precisarei também falar das portas que a Graça e a Lica, não apenas as autoras, mas as amigas, abriram na minha vida.

Tenho o privilégio de conhecer as Marias para além do que representam como referências importantes e fundamentais para o campo da educação infantil.

Com a Lica, me descobri pesquisador e pude fazer minha iniciação no campo da pesquisa de um jeito muito especial que aprendi com ela: sem catequeses e sem medo; com compromisso e abertura para a novidade que nosso campo nos impõe; com autoria e perspicácia para driblar os desafios da vida acadêmica. Dividimos a difícil tarefa de pensar e redigir uma Base Nacional Curricular para a Educação Infantil (junto a outras amigas) e, como um afago em nossos sonhos e angústias, compartilhamos longas conversas pelo telefone.

Com a Graça, eu descobri que o meu propósito de escrever, pesquisar e formar professores só tem sentido se o endereço se mantiver na transformação das escolas. Encontrei na Graça a dimensão ética de um professor universitário, que também tento manter comigo em cada aula que dou, de que nada adianta o que sei se ele não ajudar minhas alunas a migrar para outros lugares cognitivos, reflexivos e emocionais. Encontrei na Graça o entusiasmo e a companhia honesta de uma amiga que vibra com as minhas alegrias e que acolhe as minhas dores. Encontrei o carinho que me estende a mão nos momentos mais difíceis e a defesa da alegria e da celebração da vida.

A Graça nos deixou precocemente em junho deste ano e, dois dias antes de partir, segurando a minha mão, sorriu emocionada por saber que este livro estava sendo finalizado e que em breve chegaria às mãos de tantas professoras e professores da educação infantil do nosso país. Este livro é mais um legado que ela nos deixa, reforçando seu compromisso com as crianças e com as professoras, mas também é celebração, como oportunidades que se abrirão em cada um que percorrer estas páginas.

À Lica e à Graça, meu muito obrigado por todas as portas que nos abriram!

Paulo Fochi
Coordenador e professor do Curso
de Especialização em Educação Infantil da Unisinos.
Doutor em Educação pela Universidade
de São Paulo/Universitat de Barcelona.

Sumário

Apresentação.. xi
    Silvia H. V. Cruz

Prefácio xix
    Paulo Fochi

Introdução.. 1

Capítulo 1
    Jardim, pátio e outros quintais: a importância
    atribuída ao espaço ao ar livre da escola na história
    da educação infantil.. 9

Capítulo 2
    Para além dos muros da escola: a natureza e a cidade
    como ambientes de vida e aprendizagem 43

Capítulo 3
    A vivência dos campos de experiências nos
    espaços externos... 65

Capítulo 4
    Construindo espaços para brincadeiras ao ar livre......... 85

Capítulo 5
    Experiências exitosas em redes públicas
    de educação infantil 105

Posfácio 143

Referências 147

Apêndice
    Organizações, programas, associações, movimentos
    e institutos nacionais que atuam na educação 157

Introdução

No mundo contemporâneo, cada vez mais as crianças vivem suas infâncias se afastando das oportunidades de conviver com a natureza. O brincar com a terra, com a água, com as pedras praticamente inexiste em seu dia a dia, caracterizando uma crise que precisa ser superada. Podemos pensar sobre os motivos implicados nessa realidade. A priori, apontamos o crescimento desenfreado dos centros urbanos, tanto os maiores como os menores, o que ocasiona a redução de espaços para uma vida em contato com a natureza e dificulta a mobilidade social das crianças devido à violência estrutural. As consequências disso são muitas e nefastas, como obesidade, hiperatividade, déficit de atenção, dificuldades motoras, ausência de contato com outras crianças, contato exagerado com as telas (TV, celular, *tablets*), entre tantas outras. Para chamar atenção sobre esse problema, o jornalista Richard Louv (2016) criou o termo não médico "transtorno do déficit da natureza", descrito em sua obra *A última criança na natureza*.

Em paralelo, podemos pensar que muitas crianças frequentam escolas infantis e, nesses espaços, muitas vezes, lhes é imposta uma prática pedagógica cuja identidade se alinha com um modelo tradicional de educação. Ou seja, um cotidiano que "ensina", em que é importante ter prioritariamente as mesas, os berços, as cadeiras. Nessa perspectiva, as crianças "passivamente aprendem", confinadas entre quatro paredes. Isso vai de encontro à natureza infantil, pois sabemos que elas não somente gostam, como necessitam estar e poder estar em movimento e interagir em espaços plenos de natureza. Elas precisam conhecer o mundo, ampliar experiências, investigar e transformar os objetos ao seu redor. É fundamental, pois, que os educadores infantis tenham consciência de sua responsabilidade sobre essas questões, tendo em vista que as crianças aprendem em todos os espaços da escola infantil e que os espaços externos, sejam eles na escola ou na comunidade, são locais privilegiados para ricas e prazerosas aprendizagens.

No relato a seguir, encontramos respaldo a essa ideia.

> *Os lenhadores derrubaram muitas árvores nos últimos tempos, formando uma clareira no lugar em que estamos hoje. O que sobrou das árvores cortadas se parece com pequenas mesas. Nós fazemos rolinhos com diferentes pedaços de argila, e depois os achatamos com toda força contra nossas mesas.*
>
> *É um bom lugar em que estamos hoje. Do topo das árvores ouvimos um tímido cantar dos pássaros, ainda um pouco congelados.*

> *Estão em uma sacola alguns sapatos grandes e velhos que iriam para o lixo.*
>
> *Enquanto estamos de pé em torno do chão, o qual chamo de tapete de argila, eu conto para as crianças sobre uma moça que conheci, que havia encontrado um tapete de barro como esse em um passeio, onde as vacas passeavam para lá e para cá, ela observou que de vez em quando uma ou outra vaca passava por cima do barro. Na manhã seguinte ela foi lá para ver. Era lindo ver aquele monte de "pés de vacas". As crianças riam.*
>
> *Olhamos para os sapatos. Vamos provar?*
>
> *Um dos meninos começa com os enormes sapatos masculinos. Eles deixam pegadas gigantescas. Algumas meninas caçam os sapatos de princesas. "Agora dá para ver que uma princesa passou por aqui."*
>
> *Muita diversão com as velhas pantufas, que escapam rápido dos pés das crianças, já calçando botas de inverno.*
>
> *A pantufa quase não deixa rastro. É melhor caminhar com as grandes e escorregadias sandálias número 44. Algo começa a tomar forma. Há muito dinamismo em torno do tapete de argila.*
>
> *Muitas das crianças, a essa altura, obviamente já estão com os dedos cheios de barro. É difícil deixar de tocar a argila. Rapidamente uma infinidade de coisas começam a ser modeladas.*
>
> **Holm (2015, p. 12)**

Nesse episódio, podemos constatar a interação das crianças entre elas e com os objetos disponibilizados, assim como com os elementos da própria natureza, como a terra e a água. Há algo de imprevisível na ação das crianças, tanto no que diz respeito ao dinamismo de seus atos como nas construções que realizam. É importante considerar também a participação da educadora nesse episódio, quando ela presta atenção ao que as crianças falam e acolhe o que fazem, o material que disponibiliza, as perguntas que permitem às crianças estabelecer relações e, principalmente, à aventura de interagirem com elementos tão significativos da natureza, como o barro e a água.

A experiência vivida por essas crianças vai na direção contrária do que encontramos em muitas realidades. O que constatamos é a máxima de que, entre quatro paredes, se aprende e, nos espaços externos da escola, se "brinca", correndo, pulando, mexendo, muitas vezes, nas areias reduzidas de um parquinho, onde os educadores, alheios ao que se passa ao seu redor, simplesmente "olham".

Quando confinadas, as crianças ficam impedidas de ver o sol, de sentir o ar, o que só é possível fazer em espremidos intervalos de tempo ou através das estreitas janelas. Em vez de ampliarmos os espaços externos com terra, cada vez mais colocamos lajes nos pátios, grama sintética, encurtamos os horários de se estar nesses locais, com a desculpa de que causam "transtornos" e que "dá muito trabalho" o fato de as crianças encherem os sapatos com areia, se sujarem com o barro, se molharem com a água.

Segundo Haddad e Horn (2013), uma ideia muito compartilhada é a de que as crianças precisam gastar energia acumulada e a área externa é propícia para isso. Com muita probabilidade, a presença de um momento de recreação, como um intervalo entre aulas, em que o aluno deve brincar livremente no parque, como forma de gastar energia, influenciou os padrões arquitetônicos das áreas externas da educação infantil, com amplos espaços vazios, muitas vezes cimentados, e com equipamentos que se limitam aos comuns balanço, escorregador e trepa-trepa. Com raras exceções essas áreas contemplam a presença de elementos naturais e áreas diversificadas.

Nos dias atuais, em quase todos os países nórdicos, podemos constatar a importância dada a um ambiente natural para o desenvolvimento pleno da criança. Em entrevista à *Revista Pátio Educação Infantil*, Claus Jensen (2013), antropólogo, membro da Federação Dinamarquesa de Educadores da Primeira Infância e Juventude, afirmou que a organização de espaço ideal para um centro infantil é aquela que permite às crianças mover-se mais, explorar o mundo ao seu redor. A consequência natural disso é a possibilidade de aprender com significado. Isso é vivenciado na Dinamarca, em um projeto chamado Escola Bosque, cujo objetivo é oferecer às crianças maiores oportunidades de estarem ao ar livre.

Nessas escolas, as crianças são preparadas para passar a maior parte do tempo ao ar livre, faça chuva, sol, neve ou vento. Entregues às surpresas que o campo oferece, elas se engajam na construção de cavernas, usam folhas e galhos no jogo imaginativo, pescam em espelhos d'água, pesquisam sobre pequenos animais e insetos encontrados no solo, desenvolvem contato próximo com os elementos da natureza: água, ar, terra e fogo, e exploram sistematicamente seus sentidos. Contar histórias, cantar, explorar os arredores com bicicletas, assim como cozinhar ou esquentar sua comida na fogueira, fazem parte de seu cotidiano (HADDAD, 1997).

Segundo Haddad e Horn (2013), existe uma relação entre as crianças e o *design* do espaço externo que deve ser levada em consideração, na medida em que esse espaço desafia e promove aprendizagens significativas. O neurofisiologista finlandês Matti Bergström e sua colega Pia Ikonen expõem as implicações da pesquisa sobre o desenvolvimento do cérebro na maneira pela qual concebemos o espaço oferecido para as crianças. Para os autores, elas precisam de espaço e liberdade. A ordem em excesso impõe o risco de restringir sua capacidade de aprendizagem, ao passo que a natureza, por representar um mundo caótico repleto de possíveis "viáveis", é o melhor ambiente para estimular as suas capacidades intelectuais de aprender e construir.

Felizmente, experiências brasileiras também vêm corroborando a importância da utilização de espaço externo qualificado. A Te-Arte é um exemplo disso, reunindo vários desses elementos que convidam as crianças para o inusitado: muita terra para pisar, areia e água para mexer, plantas para plantar, frutas para colher, barro para amassar, animais para alimentar, árvore para subir e muitas oportunidades para exercitar todos os sentidos. Nesses espaços, a topografia propositalmente irregular, com desníveis, escadas improvisadas, pedras e tocos de madeira, oferece inúmeras oportunidades para a criança ousar e transpor seus próprios limites. Conforme salienta Dulcília Schroeder Buitoni (2006), autora do livro *De volta ao quintal mágico*, o espaço tanto acolhe quanto desafia.

Porém, em muitas realidades do nosso país, ainda carecemos de uma exploração qualificada dos espaços externos. Talvez isso ocorra porque os projetos político-pedagógicos fixam-se em modelos que traduzem uma concepção do que é ser criança em uma perspectiva abstrata, ignorando a realidade concreta em que ela está inserida, suas reais necessidades, seus modos de viver e estar no mundo.

As Diretrizes Curriculares Nacionais para a Educação Infantil (DCNEIs; BRASIL, 2010) conceituam a criança na perspectiva que reconhece a potência de suas experiências, porém, muitas vezes, os discursos pedagógicos e dos profissionais que atuam na educação infantil afirmam o contrário: concebem-na como incapaz, pouco hábil. O que vemos na prática são propostas que contradizem o entendimento de que as crianças são competentes, ativas e curiosas. Segundo Manuel Sarmento (2012, p. 6), a "Globalização e individualismo institucionalizado constituem, pois, o quadro histórico em que nascem as crianças hoje". Consequência disso é a organização de rotinas rígidas, nas quais se privilegiam espaços, tempos e atividades em que o estar sozinho se sobrepõe a interações entre as crianças.

Esse quadro poderia se reverter se as escolas infantis pensassem em uma organização em que contextos significativos para as crianças permitissem relações construídas a partir de materiais desafiadores e de espaços promotores da brincadeira e da interação, eixos articuladores das DCNEIs (BRASIL, 2010). Uma das possibilidades de transformar essa realidade seria a utilização das diferentes dimensões da organização dos espaços ligadas ao currículo, apontadas por Miguel Zabalza (1998): a física, a funcional, a temporal e a relacional, as quais não norteiam apenas a organização dos espaços das salas de atividades. Na verdade, essas dimensões estão presentes em todos os espaços da instituição: no *hall* de entrada, nos corredores, na cozinha, no refeitório, nos banheiros, nas salas de atividades múltiplas, e também nos pátios internos e externos, considerando o entendimento de que as crianças aprendem em todos os espaços da instituição. Essa ideia é válida porque o princípio norteador dessa organização é convidar as crianças a estar, habitar, conviver, descobrir e criar juntas nesses espaços.

Sabemos que esses ambientes podem facilitar o crescimento das crianças em todas as suas potencialidades, devendo responder às suas necessidades de se sentirem inteiras biológica e culturalmente. Maria Antônia Jaume (2004) destaca aquelas que dizem respeito a afetividade, autonomia, movimento, socialização, descoberta, exploração e conhecimento. Especialmente na área externa, essas necessidades devem ser contempladas com atenção, pois, nesses espaços, podem ser atendidas de forma plena quando a criança pode criar, construir, desconstruir, brincar, transformar o impossível no possível.

Precisamos pensar que, nos espaços externos, o cuidado e a atenção com equipamentos e materiais é de fundamental relevância. Ao lado daqueles tradicionalmente ali encontrados (balanços, escorregadores, baldes e pás), também deverão estar contemplados outros espaços, como o destinado a jogos e brincadeiras mais tranquilos, com oferecimento de brinquedos, como carrinhos, cubos, pedaços de troncos e de tábuas; o destinado ao faz de conta, como casa na árvore, casa de boneca, cabana; o destinado a aventuras, como pontes entre as árvores, cavernas e buracos.

Segundo a arquiteta Mayumi Souza Lima (1989, p. 102),

A escola é o único espaço que as cidades oferecem universalmente como possibilidade de reconquista dos espaços públicos e populares – domínio das atividades lúdicas – que as crianças e jovens perderam na cidade capitalista e industrial.

A dificuldade de muitas famílias em possibilitar às suas crianças espaços lúdicos e condizentes com a vida infantil pode ser superada na escola infantil. Assim, a responsabilidade dessas instituições torna-se grandiosa, na medida em que poderão ser o último reduto para a vivência de uma infância feliz. Segundo Beatriz Fedrizzi (1999), não podemos esquecer que, para muitas crianças, o pátio escolar é o único espaço aberto e seguro para desenvolver diferentes tipos de atividades.

A opção por enfocar os espaços externos dentro dos muros não significa desconsiderar as demais dependências da instituição, pois acreditamos que as crianças aprendem em todos os lugares da escola infantil. Nossa intenção, para além do já apontado nesta Introdução, é destacar a importância desses espaços, por entendermos que, em muitas realidades, eles não são considerados como lugar de educação, que está em intercâmbio com o que ocorre nas salas e também com os espaços para além dos muros da escola.

Ao projetar este livro, imaginamos que as ideias por nós defendidas fossem ilustradas com alguns exemplos de trabalho em espaços abertos na esfera pública, bem como propostos por redes comunitárias de educação. Assim, ao final de cada capítulo, o(a) leitor(a) poderá reconhecer na prática algumas ideias apontadas. Finalizando esta Introdução, destacamos o que será apresentado em cada capítulo.

No Capítulo 1, "Jardim, pátio e outros quintais: a importância atribuída ao espaço externo da escola na história da educação infantil", revisitamos a caminhada da educação infantil, no que se refere às contribuições feitas ao longo de sua trajetória. Apontamos algumas abordagens remotas, como o jardim de infância de Froebel, na Alemanha dos anos 1840, as escolas infantis ao ar livre das irmãs McMillan, na Inglaterra na década de 1910, e os parques infantis de Mário de Andrade, em São Paulo na década de 1930.

No Capítulo 2, "Para além dos muros da escola: a natureza e a cidade como ambientes de vida e aprendizagem", abordamos os espaços como ambientes de aprendizagens autônomas, apontando a importância da utilização pelas crianças de espaços livres e preparados, onde possam aprender com independência, interagindo com seus pares e com materialidades desafiadoras.

No Capítulo 3, "A vivência dos campos de experiência nos espaços externos", discutimos e conceituamos o que são campos de experiência, ressaltando a distinção entre estes e as áreas do conhecimento ou disciplinas baseadas em uma organização curricular fragmentada, tradicionalmente utilizada nas escolas de educação infantil.

No Capítulo 4, "Construindo espaços para brincadeiras ao ar livre", a ênfase é nas possibilidades de uso dos materiais e no planejamento das atividades nas áreas externas da instituição.

No Capítulo 5, "Experiências exitosas em redes públicas de educação infantil", relatamos duas experiências que foram realizadas em redes públicas de educação infantil, exemplificando os passos na construção de propostas envolvendo crianças, professoras e professores, gestores e famílias.

Esperamos que a leitura deste livro permita uma reflexão cuidadosa acerca da utilização dos espaços externos e que seja inspiradora de novas práticas que abram portas e possibilidades nas/das escolas de educação infantil!

1 Jardim, pátio e outros quintais:

a importância atribuída ao espaço ao ar livre da escola na história da educação infantil

Quando estudamos a história da educação, aprendemos que os grupos sociais sempre educaram os bebês e as crianças pequenas no espaço da família e da vizinhança. Inicialmente, as mulheres trabalhavam organizando a vida da família, e isso não era pouco – cozinhar, lavar, limpar a casa, arrumar camas, alimentar os animais, plantar hortaliças. Muitas também realizavam algumas atividades extras, como lavar roupa para fora e vender pães, porém, em geral, realizavam essas atividades no entorno da casa. As crianças tinham, portanto, muitas possibilidades de vida ao ar livre.

As famílias eram extensas, e todos ajudavam a cuidar dos menores. Os bebês e as crianças pequenas interagiam com irmãos, vizinhos, parentes e amigos nos espaços da comunidade, e assim aprendiam a conviver. Participando dessas interações, iam aprendendo a explorar o território da casa e do quintal, falar, caminhar, correr e realizar brincadeiras e travessuras. Nos fins de semana, nas festas, circos, festejos, a comunidade oferecia situações de convivência ampliada. Nesses momentos, as crianças eram apresentadas à comunidade e começavam a fazer parte dela. Ainda hoje, em muitas cidades pequenas e em espaços como assentamentos e aldeias, especialmente rurais, essa é a realidade da educação dos bebês e das crianças antes dos 6 anos.

A creche e o jardim de infância emergem com a Revolução Industrial e a urbanização, isto é, quando as mulheres se deslocam para as cidades e começam a trabalhar nas fábricas. A escola primária se expande com princípios educativos cada vez mais claros, e vários autores escrevem manuais para os pais burgueses aprenderem a educar seus filhos pequenos em casa.

Nas cidades emergentes, com a pobreza, as casas densamente habitadas, a ausência de saneamento básico, de higiene, de medicamentos e vacinas, muitos bebês e crianças pequenas morrem de doenças até então não "controláveis". As creches surgem para apoiar as mães no atendimento dos bebês. Algumas eram construídas nas próprias fábricas, para possibilitar a amamentação, e eram chamadas de berçários e lactários. Também as instituições de proteção às crianças, especialmente as religiosas e filantrópicas, iniciaram no final do século XIX um atendimento integral, com o objetivo de proteger, guardar, alimentar e higienizar.

A palavra francesa *creche* significa manjedoura – isso mostra seu vínculo com uma concepção religiosa. Na Itália, chama-se *nido*, isto é, o ninho onde os bebês são protegidos. Por fim, na Espanha, as creches chamam-se *guarderias*, ou seja, o lugar onde bebês e crianças são guardados, protegidos. Cada cultura denomina a instituição de acordo com as suas especificidades.

As transformações operadas pelas Revoluções Francesa e Industrial e a presença da ciência e da tecnologia reconfiguraram os modos de ser e de viver das populações. Nas cidades, a presença da poluição e dos novos meios de transporte tornou a vida perigosa para as crianças. Além disso, a ausência de uma vida em coletividade, com acesso à natureza, criou uma certa "saudade" do mundo do campo.

Uma importante reação a essa urbanização foi o surgimento do movimento romântico na arte, na cultura e na filosofia. Esse movimento procurava articular a natureza criadora e vital das florestas e dos campos à energia dinâmica do espírito, buscando construir uma subjetividade sensível que projetasse outros futuros que não aqueles que apontavam apenas para a racionalidade e a máquina. Franco Cambi (1999), historiador italiano, comenta que, no momento da emergência do Romantismo, uma relação se estabeleceu entre a natureza e a infância – naturalidade e espontaneidade. O "bom selvagem", de Rousseau, mito cultural, está presente, ainda hoje, nos modos como pensamos as nossas práticas educacionais.

AS RELAÇÕES ENTRE CRIANÇA, INFÂNCIA E NATUREZA NA HISTÓRIA DA PEDAGOGIA

Os próximos parágrafos apresentam fragmentos históricos que apontam como as crianças e a natureza foram se entrelaçando ao longo dos séculos e demonstram como a literatura pedagógica da educação infantil sempre teve uma aliança com a natureza. Citaremos algumas experiências históricas internacionais e nacionais, não no sentido do aprofundamento, mas da abrangência das relações entre criança, infância e natureza.

Froebel

O jardim de infância tem suas raízes situadas nesse movimento de valorização do contato dos seres humanos, especialmente das crianças, com a natureza e a ampliação da sensibilidade humana. Friedrich Froebel, filho de um pastor luterano, nasceu na Turíngia, Alemanha. Apesar de muito ligado aos temas religiosos, aos 15 anos Friedrich tornou-se um aprendiz de guarda florestal, pois "[...] alegava gostar de montanhas, campos e florestas" (KOCH, 1985, p. 18). Nessa tarefa, estudou botânica, silvicultura, geometria, agrimensura e dedicou-se a colecionar pedras, insetos e plantas. Nos tempos livres, lia Goethe, Schiller, Wieland, Novalis e Schelling, portanto o espírito do romantismo e do idealismo alemão, tanto quanto a ciência, está presente em sua obra.

Depois de várias experiências de trabalho, Froebel tornou-se mestre-escola e preceptor. Conheceu os trabalhos de Comenius e foi visitar Yverdon, na Suíça, a fim de conhecer Pestalozzi e sua escola. Posteriormente, atuou como diretor e professor, e sempre afirmou a importância de um projeto educativo ter como princípio a união de Deus com a natureza e a humanidade, conforme o indicado por Hegel. A esfera, primeiro "dom" a ser explorado pelas crianças em sua metodologia, significava a unidade do espírito e a diversidade da natureza. Em 1840, Froebel organizou seu primeiro jardim de infância, tomando, metaforicamente, a unidade da semente que se desenvolve quando há o encontro da interioridade com a exterioridade. Segundo o autor, a vida ao ar livre, o contato com as plantas e os animais, ajudava as crianças a aprender a observar, contemplar e cuidar, despertando sentimentos de compaixão e desvelo.

> Cada jardinzinho ou canteiro constitui um cantinho próprio de cada criança. Seu cultivo e seu cuidado lhe dão a possibilidade de organizar sua noção de propriedade e respeito à alheia. Além disso, tem efeitos no desenvolvimento da compreensão e do amor à natureza e seus benefícios sobre o desenvolvimento físico. (GUILLÉN DE REZZANO, 1940, p. 26, tradução nossa).

Robert Owen

Robert Owen (OWEN; PANCERA, 1994) construiu uma creche em sua fábrica, em New Lanark, na Escócia, no ano de 1816. Essa escola, denominada "Instituto de Formação do Caráter", era destinada a receber os filhos dos trabalhadores empregados pela fábrica. Recebiam-se nela crianças desde que davam seus primeiros passos sozinhas. Segundo Mira López e Homar (1948), Owen considerava que a escola deveria divertir as crianças, por esse motivo destinou um lugar para que brincassem, e, nos dias de bom tempo, considerava essencial levá-las ao campo.

Grace Owen

As primeiras instituições inglesas para abrigar crianças pequenas eram descritas como pouco adequadas, pois geralmente eram escolas fundamentais que recebiam crianças menores, mas sem um projeto específico. De acordo com a professora e militante Grace Owen, filha de Robert Owen, as crianças ficavam sentadas em longos bancos de madeira recitando o alfabeto por medo da disciplina imposta. Para a autora, uma escola dirigida às crianças pequenas deveria incluir um pequeno jardim, pois esses espaços são uma vertente infinita de ideias, ações, investigações com seu aspecto aberto e ensolarado.

As irmãs McMillan

Em 1908 foi constituído um comitê consultivo na Inglaterra, composto por inspetoras escolares, para avaliar e definir critérios para que as *nursery schools*, que atendiam bebês e crianças de até 7 anos, fossem aprovadas. Segundo Mira López e Homar (1948, p. 87, tradução nossa) elas deveriam ser

> [...] arejadas, espaçosas, iluminadas pelo sol, com cadeiras e mesas pequenas, pátios arborizados, dependências e lavatórios, o mais completas possível. Descartavam-se as lições formais, de leitura, escrita e aritmética, e aconselhavam-se as casas de bonecas, blocos de diferentes tamanhos, caixa de areia, aquários, criação de animais, etc.

Em 1911, as irmãs McMillan fundaram uma *open-air nursery school*, pois estavam preocupadas com as condições de saúde das crianças pequenas de famílias operárias e com sua vida de insalubridade e confinamento presentes em várias instituições. Elas redimensionaram o atendimento às crianças pequenas e agregaram a ele a obrigatoriedade de jardins para que todas tomassem sol e ar fresco, enquanto realizavam brincadeiras de movimento. Também definiram a importância das brincadeiras que envolviam água e areia, bem como a realização de passeios e contato com a natureza.

> Construíram abrigos de baixo custo que bastaram para satisfazer as necessidades das crianças, e em vez de cimentar as superfícies livres, como era o costume nas instituições escolares, deixaram a terra e a relva para que sobre elas as crianças, livremente, realizassem suas brincadeiras durante todo o dia [...] os críticos não deixaram de levantar suas vozes, mas os resultados justificaram o experimento. O fato foi que as crianças adquiriram a saúde e a felicidade de que careciam anteriormente... (GUILLÉN DE REZZANO, 1940, p. 109).

Alguns anos depois, as *nursery schools* ganharam portas-janelas que integravam os espaços interno e externo. Salas com ambientes abertos e ensolarados propiciavam uma educação saudável para as crianças, possibilitando nutrição, limpeza, ar fresco, atividades físicas apropriadas e um ambiente qualificado. As autoras sugeriam que era necessário que as crianças pequenas aprendessem a cuidar do próprio corpo, do ambiente da escola, dos animais e das plantas, assim como realizassem atividades de música, pintura, leitura, marcas de uma educação pela/para a sensibilidade e a sensorialidade.

> Mais do qualquer outro lugar, as nossas crianças adoram a grande pilha de pedras e restos de obras que os construtores deixaram para trás. Montar algum tipo de casa, armar uma espécie de tenda e se sentar dentro – este é o objetivo e desejo de todas as crianças [...] e a construção da casa é uma ocupação mais popular do que qualquer outra, exceto, é claro, a construção de montes de barro e valas e a criação de represas e rios com água. (CARRUTHERS, 2010, p. 193).

Marie Pape-Carpentier e Susan Brès

Na França, temos o trabalho de Marie Pape-Carpentier, que iniciou a transição das salas de asilo para as escolas maternais. Sua obra pode ser sintetizada no seguinte lema: "O professor tem dois sujeitos para estudar: as crianças e ele mesmo; duas coisas que realizar: a educação das crianças e a própria" (GUILLÉN DE REZZANO, 1940, p. 123). Era um bom conselho, porém sua perspectiva pedagógica na relação com as crianças ainda estava muito vinculada a um modelo tradicional. Susan Brès deu continuidade ao trabalho iniciado por Pape-Carpentier, propondo uma perspectiva teórico-metodológica para o maternal com base em uma educação sensível, a partir do jogo e da brincadeira.

Partidária do jogo, tinha como objetivo que o maternal fosse uma escola que recordasse o menos possível o ambiente fechado e reduzido das antigas salas de asilo primitivas, cuja higienização era material e espiritual.

> Susana Brès queria que se multiplicassem as janelas, que fossem grandes, chegando até o chão, convertendo-se em portas; queria cores claras nas paredes, aventais coloridos, não somente para as crianças, mas também para as professoras. Fez guerra ao mobiliário pesado e fixo, que tornava impossível a liberdade de ação dos pequenos e conseguiu, em 1906, cadeirinhas e mesinhas pequenas, individuais, que podiam ser transportadas segundo o tempo e as exigências das atividades das crianças, ao jardim ou, pelo menos, ao ar livre. O jogo e a permanência ao ar livre são dois temas em que insiste com frequência. (GUILLÉN DE REZZANO, 1940, p. 127).

Pauline Kergomard

Apesar de ter sido prevista em 1881, apenas muitos anos depois Pauline Kergomard conseguiu colocar em vigor a mudança de nome das "salas de asilo", identificadas com a caridade para com as crianças, para "escolas maternais". Sua intenção era afirmar a ideia de que a experiência educacional, especialmente a brincadeira, poderia oferecer muitas possibilidades para o desenvolvimento natural da criança. Ela criticava os jogos estruturados de Froebel, e sugeriu que qualquer coisa pode ser transformada em brinquedo: "Um objeto qualquer pode fazer o ofício de brinquedo: caixas de papelão, os cubos feitos de madeira, caixa de areia, um copo, uma colher, um saco de retalhos para fazer uma boneca..." (PLAISANCE, 1996, p. 29, tradução nossa).

Há, em relação à escola maternal, a ideia de que se trata de um lugar de passagem entre a família e a escola, portanto guarda a relação entre a criança e a casa. A natureza era também uma preocupação da autora.

> A natureza, de fato, quer para a criança o raio do sol que aquece, o ar que vivifica, o movimento que acelera a circulação, o jogo dos músculos que fortalece, o exercício natural dos órgãos que a aperfeiçoa. A natureza quer que a criança viva, e, quando falo em vida, quero dizer a expansão de todas as forças. Para a criança, a vida normal é a liberdade de movimento. A criança é feita para rolar no chão quando não consegue andar; correr atrás da borboleta ou da nuvem que o vento carrega; ela é feita para reunir corações, para subir em árvores, para falar consigo mesma quando não tem outro interlocutor. Ela é feita para isso; ela tem direito a tudo isso. (PLAISANCE, 1996, p. 84, tradução nossa).

Segundo Pauline Kergomard, as crianças precisam de liberdade para rolar no chão, observar os insetos, e, enquanto realizam as suas necessidades, a professora pode aproveitar para conhecê-las. As classes, as aulas, são para ela um crime de lesa-infância – não se pode impedir que uma criança brinque e pense. Essa liberdade tem seu contorno pela relação com os companheiros e pela possibilidade de realizar atividades interessantes. Kergomard também fez um importante trabalho pela proteção das crianças e pela luta das mulheres. Para ela, as mulheres valiam tanto quanto os homens. É importante observar que várias pedagogas da educação infantil foram mulheres independentes e com ideias muito além de seu tempo em vários aspectos. Muitas participaram de movimentos feministas e políticos de sua época.

Rosa e Carolina Agazzi

Na Itália, as irmãs Rosa e Carolina Agazzi construíram um modelo educativo para as crianças pequenas. Segundo Cambi (1999), elas tinham critérios mais afetivos para educar e inventaram um modelo mais artesanal, distinguindo-se do paradigma predominantemente filosófico de Froebel e do científico de Montessori. Seu modo de trabalhar foi identificado por Lombardo Radice (1952 *apud* CAMBI, 1999, p. 518) como pertencente ao movimento das "escolas serenas, que pregavam serenidade, equilíbrio, atividade e espontaneidade".

No trabalho de Rosa Agazzi, a continuidade entre a casa e a escola indicava que as atividades pedagógicas das crianças acompanhavam as necessidades da organização da vida cotidiana: arrumar os brinquedos, ordenar os materiais, fazer jardinagem, limpar e cuidar das salas, aprender o autocuidado e a cuidar dos demais, sendo que todas essas práticas tinham como objetivo educativo garantir a saúde, a higiene e a cultura física das crianças, pois esses elementos eram vitais para a sobrevivência e a formação de hábitos.

Brincar livremente nos espaços abertos possibilitou a criação de um dispositivo pedagógico chamado de "museu escolar", "museu vivo", ou ainda, "bugigangas sem patente" (CAMBI, 1999), algo muito próximo ao que Decroly denominava de coleções.

> Um armazenamento de tudo o que o professor ou a criança encontra, sem valor econômico (pedras, flores, sementes, panos, cartões postais, etc.), para ser utilizado de imediato como material de observação ou de experimentação ou guardar até o momento favorável com esses fins. (GUILLÉN DE REZZANO, 1940, p. 97).

O museu tinha imensa força educativa, pois possibilitava jogos de classificação, observação de imagens, dobraduras, canções, criação da sensibilidade estética, propiciava o jogo livre, e também "[...] se vão articulando pesquisas, conversações e experiências que constituem um momento essencial da vida da classe" (CAMBI, 1999, p. 519).

Jean-Ovide Decroly

Decroly, médico belga e diretor da escola L'Ermitage, afirmava que a vida se constrói nas relações com os meios social e natural. Todos os espaços da cidade, com suas ferramentas, utensílios, práticas, educam. O autor comentava que as salas fechadas eram o pior local para as crianças, e o meio natural – fazenda, campos, pradarias, animais a serem cuidados, plantas a recolher – seria capaz de estimular suas potencialidades escondidas.

Segundo ele, a escola não é um lugar para enclausurar as crianças; é preciso trabalhar com elas com dados de primeira mão, recolhidos na realidade concreta da vida coletiva. A aula oficina deverá substituir a aula auditório. A primeira educação, que acontece com as crianças pequenas, se torna mais completa se for realizada próxima aos elementos da natureza. A natureza, e sua dinamicidade, desperta a curiosidade da criança, pois ela é variada, ritmada e poética.

Escolas na floresta

No final do século XIX, pediatras e conselheiros escolares demandaram à prefeitura de Berlim, na Alemanha, a fundação de escolas nas florestas que pudessem atender crianças deficientes ou que estivessem doentes, especialmente com tuberculose, pois elas não conseguiam acompanhar a escola regular. Segundo eles, a vida nas cidades deixava as crianças enfraquecidas, cansadas, sem boas condições de higiene, portanto sol e ar fresco eram fundamentais para a saúde e a educação.

A *Waldschule* de Charlottenburg, Berlim, fundada em 1904, foi uma das mais importantes e tornou-se uma referência para vários educadores de diversos países. A intenção dessa instituição era constituir um espaço em que as crianças tivessem acesso ao ar livre, pudessem relaxar, respirar ar puro e tomar sol. A escola era mista, podia atender até 120 crianças, e era gratuita para as mais pobres. Ao longo do dia, as crianças ficavam o máximo tempo possível ao ar livre. As salas para as atividades educativas também eram amplas, ventiladas e ensolaradas, e mesmo nos momentos de refeição as crianças podiam respirar o ar da floresta (WALDSCHULE..., [2021]).

As escolas nas florestas tinham algumas características comuns em sua abordagem pedagógica: um currículo mais sintético e com aulas mais curtas, atividades esportivas, jogos e brincadeiras, leitura, trabalhos manuais, teatro, música e descanso faziam parte do dia a dia. Buscava-se a proximidade com a vida, com base no princípio da autoatividade e individualização, de acordo com as necessidades de cada um. Os princípios da ajuda mútua, autoadministração e vida em colaboração tiveram um efeito positivo, e pouco a pouco essas escolas começaram a acolher crianças que não estavam doentes e também as pequenas.

Rosa Sensat

Rosa Sensat foi uma professora que tinha um grande compromisso com os direitos de participação social das mulheres e com a preservação da cultura e da língua catalã como primeira língua das crianças na escola. Em sua formação, conheceu Francisco Giner de los Ríos, importante pedagogo espanhol, e teve contato com a educação ativa. Conquistou uma bolsa de estudos e viveu por um período em Genebra, estudando no Instituto J. J. Rousseau. Posteriormente, foi visitar experiências pedagógicas emergentes em vários locais da Europa. Ao retornar à Espanha, inspirada na *Waldschule* de Charlottenburg, Rosa assumiu o posto de professora municipal em Barcelona e criou a Escola do Bosque, situada nos arredores da cidade, em Montjuic, nela defendendo a ideia de que a vida na natureza é o melhor ambiente formativo para as crianças.

A Escola do Bosque era uma instituição pública que atendia crianças pobres em grupos separados, com um professor para os meninos e uma professora para as meninas. A ênfase estava na expressão corporal, na música e nas ciências naturais. Rosa promovia passeios no bosque, ensinando às meninas a observação e a coleta dos materiais naturais, que incitavam a reflexão, a globalização e a experimentação das estudantes.

Alguns princípios importantes da sua pedagogia eram o vitalismo, ou atenção para com a energia vital, os cuidados com a higiene e a saúde, os jogos e esportes, os trabalhos práticos, a beleza, o bom senso, a diversão, o contato direto com as formas de vida, as relações entre a natureza e o trabalho humano, para que as crianças adquirissem noções imediatas dos seres e das coisas. Rosa Sensat defendia que as lições e os temas de estudo estivessem sempre ligados ao cotidiano. Apesar de a escola ser dividida por sexo, ela procurava oferecer às meninas uma educação semelhante à dos meninos, diminuindo horários para costura, culinária e acrescentando ciência.

Escolas Waldorf

Nas escolas Waldorf, durante o primeiro setênio (0 a 7 anos), os bebês e as crianças pequenas estão em profunda conexão com o ambiente que os circunda – a criança é permeável "[...] a todas as influências do mundo ambiente e, por sua vez, transmite diretamente a esse mundo tudo o que se passa dentro dela" (LANZ, 1979, p. 38). Nessa pedagogia, os materiais da natureza são muito relevantes.

> Tudo o que vem da natureza cresceu num movimento, num gesto. O galho de uma árvore, a conchinha do mar, um pedaço de bambu ou mesmo uma pedrinha mostram em sua forma o respirar da natureza. A criança que brinca com esses elementos e imita-os sente-se fortalecida interiormente, pois esse processo está ocorrendo em seu interior. Além disso, sua fantasia também é ativada por essas formas. (IGNACIO, 2014, p. 48).

As escolas Waldorf geralmente têm espaços amplos e naturais por onde as crianças movimentam-se, aprendendo a habitar o seu próprio corpo e a casa-escola. As brincadeiras livres nos espaços externos ocupam um longo tempo das crianças durante o dia. No jardim, elas estão sempre acompanhadas por adultos, imitando suas ações na realização de atividades como plantar, organizar um canteiro, coletar flores. Essas experiências sociais se refletem nas brincadeiras entre as crianças.

A movimentação livre e contínua da criança a leva a compreender sua força, como equilibrar-se, o quão rápido é ou pode ser o seu corpo. As brincadeiras de crianças de variadas idades são estimuladas nos espaços. As materialidades naturais são vistas como muito educativas à sensorialidade das crianças: toquinhos de madeira, panos, pedras, conchas, pinhas, sementes, frutos, panelinhas de cerâmica...

> Muita ênfase é dada à areia, à água, isto é, a materiais que fluem e são facilmente moldáveis, pois correspondem à fluidez das forças etéricas nas crianças. Estas, aliás, sentem-se irresistíveis para tudo o que está em movimento. (LANZ, 1979, p. 101).

A experiência de Lóczy

A experiência de Lóczy, na Hungria, também tem uma importante contribuição para a relação das crianças com a natureza. A preocupação central de sua fundadora, Emmi Pikler, médica pediatra, foi compreender o desenvolvimento do movimento corpóreo de bebês e crianças pequenas. Partindo de uma análise crítica do comportamento convencional dos adultos com os bebês e do registro de suas observações sobre os movimentos livres das crianças, Pikler organizou uma proposta de trabalho com crianças de 0 a 3 anos sem a intervenção direta do adulto, mas enfatizando a organização dos espaços, dos mobiliários e das materialidades.

> O Instituto foi fundado em 1946 para bebês que precisavam de cuidados prolongados. Acolhemos crianças cuja mãe era tuberculosa ou havia faleci-

do no parto, os filhos de nossas mães de leite, assim como outros, cuidados por outros motivos. (PIKLER, 1984, p. 54, tradução nossa).

O Instituto tem alguns princípios importantes, como as relações harmoniosas entre cuidadoras e crianças, a valorização da iniciativa das crianças e do direito ao movimento livre, a organização de grupos estáveis, a construção de uma imagem positiva de si, uma vida saudável e tranquila e, por fim, tempo ao ar livre. Segundo Pikler,

> [...] é muito importante para as crianças passar ao ar livre a maior parte do tempo possível. Portanto, estabelecemos em função disso seu estilo de vida. No verão permanecem fora durante quase todo o dia; no inverno, até os menores ficam fora pelo menos por uma hora durante a sesta. (PIKLER, 1984, p. 54, tradução nossa).

Uma característica importante do espaço externo do Instituto era estar situado em um terreno com desnível, isto é, com um ligeiro declive coberto com grama, onde bebês e crianças brincavam. No parque também havia caixa de areia, escadas, camas de campanha para descansar e outros jogos e brinquedos adequados. O objetivo era fortalecer os pulmões e criar uma identidade de povo que vive sob condições climáticas inóspitas, mas que aprendeu a viver e a conviver em seu contexto.

Os parques de aventuras

Os *playgrounds* de aventuras, ou parques de aventuras, surgiram no Reino Unido a partir dos anos 1950 e 1960, inspirados na perspectiva de um arquiteto dinamarquês chamado Carl Theodor Sørensen, que afirmava:

> O objetivo deve ser dar às crianças da cidade uma alternativa para as ricas possibilidades das brincadeiras que as crianças do interior possuem [...] É oportuno alertar contra a supervisão excessiva. As crianças devem ser livres e independentes pela maior parte do tempo possível [...] devemos ser excessivamente cuidadosos ao interferir na vida e nas atividades das crianças. (SÖRENSEN, 1989 *apud* BROWN, 2011, p. 281).

O desenvolvimento de parques de aventuras em diferentes cidades demonstrou o reconhecimento de que as crianças não estavam encontrando nos espaços urbanos lugares interessantes para brincar e construir seus próprios microcosmos (SUTTON-SMITH, 2017). O *playground* de aventuras, diferentemente das "pracinhas ou parquinhos", não tem brinquedos desenhados e fabricados por adultos. Sua característica identitária central é ser um lugar irrestrito de brincadeira, onde as crianças podem inventar as suas próprias ações tendo a presença de dinamizadores de brincadeiras, os *playworkers*.

Os parques de aventuras são espaços naturais, cercados e organizados para as crianças. São adequados para compor um parque de aventuras elementos naturais (pedras, palha), materiais de construção (madeira, martelo, pregos, canos), objetos de descarte (pneus, caixas, cones), pois oferecem suporte para o desenvolvimento da imaginação infantil. São as próprias crianças que organizam os espaços e planejam as brincadeiras. Elas escolhem seus parceiros e tomam as decisões... Segundo Carruthers (2010, p. 197), a natureza "[...] é um espaço pedagógico com qualidades distintas e genuínas: a natureza é uma matéria que encanta".

A teoria da brincadeira das partes soltas, criada por Nicholson e Schreiner (1973 *apud* BROWN, 2011), afirma a importância dos processos mais que dos produtos e indica que o grau de criatividade e descoberta de uma brincadeira está vinculado ao número e à qualidade dos materiais soltos que a engendram. Para encerrar, uma interessante informação é que o primeiro *playground* de aventuras foi criado em Emdrup, na Dinamarca, durante a resistência à ocupação nazista, para garantir a brincadeira das crianças sem interferência dos soldados (EMDRUP..., [2020]). Um movimento de liberdade e resistência ante uma situação de controle social excessivo.

* * *

Rememorar um pouco dessa história é um exercício para lembramos como a discussão da educação ao ar livre ou junto à natureza foi uma questão que acompanhou as discussões pedagógicas ao longo da história da educação infantil. As justificativas e as estratégias podem ser diversas, e compreendê-las pode nos ajudar a não reproduzir, mas ressignificar as experiências.

Também é importante observar o quanto diferentes campos de estudo estiveram próximos na construção das instituições educacionais para crianças de 0 a 6 anos. Os diferentes discursos – arquitetônico, médico, higienista, histórico, antropológico, demográfico, sociológico, educativo, psicopedagógico, feminista – datados pensaram e pensam a infância ontem e hoje, e, com isso, contribuem para o desenvolvimento de pedagogias da infância. A saúde das crianças, as destrezas motoras, o amor à natureza, a brincadeira com os companheiros, o naturismo, vários foram os argumentos que induziram a essas práticas em muitos lugares do mundo.

AS CRIANÇAS BRASILEIRAS E AS ESCOLAS EM ESPAÇOS ABERTOS

Agora vamos nos centrar em algumas experiências brasileiras que reconhecidamente instituem as escolas em espaços abertos no Brasil. Podemos organizar as discussões pedagógicas sobre espaços abertos, contato com a natureza e vida ao ar livre em três momentos.

Nos primeiros 50 anos do século XX, tivemos a experiência dos parques infantis de Mário de Andrade, que ainda pode ser conhecida nos projetos dos quintais da rede municipal de educação da cidade de São Paulo, e na escola parque de Anísio Teixeira, que, apesar de não ter sido desenhada para a educação infantil, apresenta uma importante visão de uma escola aberta à natureza e à comunidade da pedagogia brasileira.

Depois, nos anos 1960 e 1970, houve a revitalização dos jardins de infância e das escolas alternativas, e os anos 2000 trouxeram uma preocupação com a educação ecológica, naturista, com a emergência das educação ambiental e sustentável. Finalmente, nos últimos anos, temos as propostas de "naturalização" ou o "desemparedamento" da infância brasileira.

Os parques infantis de Mário de Andrade

Os parques infantis criados por Mário de Andrade em sua gestão frente à Secretaria de Cultura da cidade de São Paulo são uma referência importante para pensarmos a relação da educação das crianças pequenas com a natureza, com os espaços ao ar livre, com a cidade. A importância da natureza pode ser identificada em ao menos três elementos.

O primeiro elemento a ser analisado é a proporção entre o espaço construído e o espaço aberto. Os parques infantis eram muito grandes, e a parte coberta era em torno de um quinto do terreno. Sabemos que qualquer proposta pedagógica traz, em sua materialidade, as ideias que a inspiram. Quando Mário de Andrade deixou tanto espaço aberto, com a presença de árvores, vegetação rasteira, espelhos d'água, etc., o valor da natureza ficou evidente.

O segundo elemento importante é que, do ponto de vista cultural, o parque infantil procurou enfatizar os elementos do folclore nacional, as danças, as cantigas, a construção de cenários e fantasias – como a encenação das lendas amazônicas –, transformando a natureza de São Paulo na selva ou no rio Amazonas. A ênfase na cultura nacional não significa o desprezo pelas demais culturas, representadas pela diversidade cultural das crianças, muitas delas imigrantes, mas a possibilidade de construir algo em comum, que reúna todos, brasileiros e imigrantes, e os transforme em cidadãos brasileiros.

Por fim, o terceiro aspecto são os jogos tradicionais infantis, que também têm relevância, pois são uma transmissão cultural entre gerações, os quais oferecem às crianças elementos para a sua recriação em brincadeiras inventadas por elas. Os parques infantis, sob a coordenação de Mário de Andrade, duraram poucos anos durante a década de 1930, depois foram se transformando. Atualmente, a rede municipal de São Paulo vem estudando essa abordagem pedagógica e reconstruindo a educação infantil com base nos quintais.

A escola parque de Anísio Teixeira

Apesar de não ter realizado um trabalho junto às crianças pequenas, Anísio Teixeira foi um importante educador brasileiro que, a partir de sua identificação com a educação progressiva, constituiu uma escola parque, isto é, uma escola onde os espaços abertos que aproximavam a instituição da comunidade tinham imenso valor. O vínculo da escola com a comunidade garantiria que não houvesse superficialidade nem segregação.

Essa perspectiva transformadora para os grupos escolares tinha como intencionalidade realizar uma educação integral das crianças brasileiras, e para isso era necessário um espaço adequado, que inspirasse as práticas pedagógicas em todos os campos do desenvolvimento humano. Anísio acreditava que a estrutura material da escola possibilitava as proposições nela desenvolvidas.

As escolas, denominadas então de Centros de Educação Popular, eram organizadas em dois espaços, e as crianças, também divididas em dois grupos. Enquanto um grupo estava realizando a aprendizagem das matérias fundamentais do curso elementar (leitura, escrita, ortografia, aritmética, estudos sociais, etc. – isto é, a instrução), o outro se ocupava das matérias especiais (arte, música, desenho, trabalhos manuais, museu, escultura, oficina gráfica, filmoteca, discoteca e clube – isto é, a educação). As ações realizadas no âmbito da escola eram socializadas no auditório para todas as crianças e familiares, dando a estes um senso de responsabilidade e partilha das aprendizagens.

O jardim de infância na natureza

Em um manual denominado *Vida e educação no jardim de infância*, publicado por Heloísa Marinho, em 1952, e reeditado em 1967, também foi possível verificar que a ausência de contato com o mundo da natureza já era uma preocupação nas grandes cidades brasileiras nos anos 1960. Marinho comenta que um dos objetivos do jardim de infância era proporcionar às crianças as portas abertas que a vida urbana lhes roubara.

> A vida de Mário é pobre em experiências. A prisão do apartamento roubou-lhe as corridas necessárias para o seu corpo, e os contatos sociais com os companheiros de idade. Mário não conhece a vida das plantas ou dos animais. (MARINHO, 1967, p. 21).

Compreendendo o currículo no jardim de infância como "[...] vivências e não aulas a serem ministradas e repetidas", a autora indicava que o currículo deveria abranger, entre outras situações, o "[...] convívio com a natureza e o mundo variado das coisas" (MARINHO, 1967, p. 31-32). Ao comentar sobre as atividades de livre escolha nos espaços abertos, ela sugere:

- correr, pular, brincar de esconder atrás de pedras, árvores;
- usar gangorras, escorregas, balanços, escadas, tábuas de equilíbrio;
- brincar com bolas, cavalos de pau, carros resistentes;
- construir com blocos de madeira grandes, caixotes, cubos;
- compor padrões com cacos de cerâmica e ladrilhos, trabalhar na mesa de carpintaria;
- brincar na areia com baldes e pás;
- desenhar com varas na areia e com giz no cimento;
- pintar muros com água, brincar com água no tanque de vadiar;
- lavar as roupas das bonecas, levá-las a passear no colo ou em carrinhos;
- brincar na casa de bonecas;
- brincar na cabana dos índios e na varanda da árvore;
- participar de dramatizações espontâneas, jogos e rondas;
- cuidar de plantas e animais;
- improvisar brinquedos com raízes, frutos, galhos.

Para a autora, é importante envolver as crianças nas atividades de organização e limpeza dos espaços. Assim, em sistema de rodízio, elas devem revezar-se em comissões para retirar e guardar os materiais no depósito, cuidar de plantas e animais, auxiliar a professora a cuidar das crianças pequenas (MARINHO, 1967).

Em várias passagens do livro, Heloísa Marinho remete à experiência educativa sueca e comenta a importância do gramado, do terreno acidentado, das árvores, dos grandes troncos no chão, das cabanas, dos materiais de construção, da carpintaria, da areia, da lavanderia, do tanque de água ou tanque de vadiar, da pequena colina, das árvores, do jardim, da horta, dos animais e dos brinquedos, como gangorra, trepa-trepa, balanços, dos panos para as situações de contação de histórias no parque, e finaliza essa descrição retomando a ideia de que a escola tem o compromisso de devolver às crianças a liberdade e a natureza que o mundo urbano roubou. Para a autora, o convívio com a natureza faz as crianças elaborarem interrogações e passarem a fazer investigações. Quando demonstram suas curiosidades e são incentivadas pelos adultos, elas tornam-se interessadas nos insetos, nas pedrinhas, nas folhas, nos galhos, e passam a manter a atenção sobre seus processos de vida. A sala necessita ter aquário, terrário, vasos com plantas, comedor para pássaros, a natureza em miniatura.

Em um capítulo denominado "A criança e a natureza", a autora sugere a importância das pesquisas realizadas pelas próprias crianças. Afirma que a educadora deve enfatizar a atenção, a observação e a contemplação das crianças, incitar a ver os detalhes, as minúcias, estabelecer relações. Para ela, o interesse genuíno das crianças surge no contato com a natureza. Nesse capítulo também são indicadas excursões, organização de coleções, experiências, receitas culinárias, cultivo de plantas, tintas e barro feitos de terra, chás, bolhas de sabão, luz e sombra, sons, magnetismo e eletricidade, gravidade, máquinas e muitas outras possibilidades de experiências que aproximam as crianças da natureza, da ciência e da tecnologia.

A ideia não é ensinar conteúdos de ciências, mas oferecer um contexto em que as crianças possam ter experiências que as encaminhem para a construção de conceitos mais sofisticados. No final do livro há uma série de plantas baixas de pátios de escolas para enriquecer a imaginação dos educadores brasileiros e oferecer às crianças novas oportunidades. No entanto, essa importante cultura de jardim de infância construída ao longo do século XX no Brasil foi sendo substituída pela cultura preparatória da pré-escola a partir dos anos 1960.

As escolas alternativas

A terceira onda de valorização da relação da escola infantil com a natureza e os espaços ao ar livre emergiu nos anos 1970 e 1980 nas escolas alternativas (REVAH, 1995). Instituições pequenas situadas em bairros de classe média borbulhavam no País, a fim de atender os filhos de pessoas ligadas a comunicação social, arte, educação, cultura, pesquisa e profissionais liberais, que queriam oferecer uma educação que promovesse os novos valores culturais e políticos da democracia no dia a dia das crianças.

Os educadores dessas escolas traziam em sua memória as experiências educativas – como professores ou alunos – realizadas antes do golpe de 1964 e as complementavam com as novas linhas pedagógicas que estavam chegando ao Brasil, por meio de autores como Alexander Sutherland Neill, Jean Piaget, Constance Kamii, Rudolf Steiner, Viktor Lowenfeld, Wilhelm Reich, Sigmund Freud, Carl Jung, Donald Winnicott, Maud Mannoni, Françoise Dolto, Violet Oaklander, Emilia Ferreiro, Célestin Freinet, Félix Guattari, Paulo Freire e Janusz Korczak. As experiências das escolinhas de arte de Augusto Rodrigues, os colégios de aplicação, os Círculos de Cultura Popular eram inspirações práticas para pais e educadores. A ideia de uma educação integral, com grande ênfase na cultura, nas práticas expressivas e também nas novas dimensões da vida no planeta – a ecologia, os movimentos sociais, os movimentos estudantis, hippies, as lutas sindicais, as experiências libertárias – conectavam-se à educação das crianças.

Nesse contexto de grande movimentação, dois arte-educadores latino-americanos – Julia Saló e Santiago Barbuy – promoveram em grandes cidades brasileiras uma oficina denominada "Terra, água, ar, fogo: para uma oficina na escola inicial". Muitos participantes ficaram tocados pela concepção de sociedade, maternidade e infância proposta pelos autores. Uma visão de educação com base na menor intencionalidade e na maior abertura, com a defesa da natureza, com uma teoria da matéria e com ênfase nas teorias de processo, e não naquelas de produto. Mesmo quem não participou dessas oficinas encontrará em muitas discussões, textos e práticas contemporâneas vestígios dessa abordagem de educação infantil.

A escola Te-Arte

A escola Te-Arte, criada em 1975, é um quintal mágico de casa de avó do interior. Situada no meio da cidade de São Paulo, é um lugar onde irmãos e amigos se encontram para brincar sob a supervisão atenta de Terezita

(Thereza Soares Pagani) e outras professoras. O quintal é de terra, com plantas e árvores, para as crianças brincarem no chão e terem muito contato com a natureza, permitindo que seus corpos vivam a natureza, dramatizem, se expressem. Além dos elementos naturais, os materiais e ferramentas usados em artes plásticas também estão pela escola, complementando as experiências primeiras das crianças. Bichos grandes e pequenos, de mentira e de verdade, compartilham o espaço.

É muito difícil sintetizar os princípios da experiência, mas a frase "Criança dessa idade não pode ficar confinada em classes", de Buitoni (1988, p. 22), mostra o valor da vida ao ar livre. Além de um quintal centrado na relação com a natureza e enfeitado com elementos do artesanato nacional e da cultura popular e possibilidades artísticas, há muito espaço para a fantasia. "Brincar é o trabalho da criança. [...] Brincar é o modo da criança mudar, transformar, modificar o mundo" (BUITONI, 1988, p. 25).

Os elementos da natureza são apresentados às crianças: terra, água, ar e fogo, pois pertencem ao dia a dia dos humanos desde que o mundo é mundo, e as crianças precisam conhecê-los, senti-los, apreciá-los. Ao colocar-se como observadora-pesquisadora do cotidiano da escola, Rozana M. B. Melo (2015) afirma que é possível observar o quanto o papel dos adultos é importante, como sua atenção está em acompanhar, cuidar, dar segurança ao fazer das crianças, e sua formação como docente segue as necessidades identificadas no dia a dia com elas.

Buitoni sugere que a Te-Arte possibilita uma pedagogia orgânica, constituída nas relações entre educadores, crianças e suas famílias. Finalizando, a palavra de Terezita, capturada por Buitoni:

> Muitos pais – e muitas escolas – acham que criança sempre tem de estar fazendo algo, tem de estar ocupada, para mostrar serviço. Mas a criança precisa de um tempo para si, para ficar só olhando, se quiser. Aqui as crianças olham ou fazem as coisas, não há necessidade de um adulto ficar mandando ou dirigindo o tempo todo. Existem escolas em que as crianças não fazem nada se não tiver um professor mandando. Na Te-Arte, a criança vai tendo autoconsciência do corpo à medida que percebe suas potencialidades e seus limites. Se ela tiver esse respeito do adulto pelo seu tempo, pelo seu ritmo, ela saberá respeitar as novas regras das futuras escolas. Se ela se conhecer, saberá fazer o dever, saberá as suas obrigações. Aqui não é *laissez-faire*, aqui não é Rousseau, não é Summerhill, não é Waldorf. O aprendizado da letrinha, por exemplo, vem da necessidade da criança. Ela pergunta e pede, tem com quem dialogar e fazer a experiência. A letri-

nha acontece já dentro da brincadeira: quem está pronto começa a participar mais. (BUITONI, 2006, p. 53).

A Casa Redonda

A Casa Redonda é uma experiência pedagógica que nasce nos arredores da cidade de São Paulo, em Carapicuíba. Em um terreno com amplo quintal, há, também, uma casa redonda. Nesse espaço, as crianças são acolhidas e brincam, suas brincadeiras são compreendidas de modo sensível por adultos que estão vinculados ao seu processo educacional. A concepção de que todos fazemos parte do cosmos e que a criança é o "embrião do futuro" leva a estabelecer uma imensa responsabilidade pelos caminhos que escolhemos oferecer a elas. Para Pereira (2013, p. 57): "Temos que cuidar para, na medida do possível, não atrapalhar nem deformar a criança, valorizando o seu brincar, a sua alegria, o seu sim à vida, defendendo a sua capacidade e seu modo de entender o mundo".

A biodiversidade, os povos indígenas, os saberes originários encaminham para um contato com a natureza e seu potente conteúdo simbólico.

> Ao pensarmos em abrir um espaço de educação para crianças, é inadmissível não se dar atenção à presença da natureza como o grande cenário através do qual elas movimentarão o corpo, irão conviver sensivelmente com os elementos relacionados à própria constituição da vida humana. [...] Na nossa sociedade a infância vive um tempo-espaço dissociado da natureza, encontrando-se cada vez mais ameaçada de ser isolada de seu hábitat natural. (PEREIRA, 2013, p. 44).

Nessa experiência pedagógica, tudo começa com o contato com o chão, com a terra, com a grama, em que o gesto se torna movimento e brincadeira. Encantar-se com a natureza – árvores, pássaros – para, posteriormente, identificar-se como alguém integrado à natureza. Natureza e cultura interligadas; a natureza experimentada pelo corpo será também manifestada pela poesia e pela literatura. Aprender a sentir, ver e cuidar da natureza; compreender a unicidade entre crianças, adultos e natureza.

Os elementos como terra, ar, fogo, água, vento sugerem as ações pedagógicas dançar, correr, brincar, escutar histórias, festas populares, sagrado, mandalas. Uma experiência educativa que respira e transpira a beleza de suas inspirações teóricas como literatura, fotografia, filosofia, cinema, psicanálise, ciência, poesia e a poética viva nas ações das crianças.

O movimento de "desemparedamento" das escolas infantis

Nos últimos anos, as políticas educativas para a primeira infância têm procurado garantir às crianças pequenas o acesso aos espaços fora da escola, tanto nas regiões urbanizadas (passear pela cidade, conhecer seus bairros, praças, espaços culturais, locais de trabalho) como nos espaços naturais (percorrer campos, montanhas, mares), pois já é amplamente reconhecida a importância dessas experiências de acesso a lugares diferenciados para elas.

Os espaços naturais são importantíssimos para as crianças pequenas e apoiam seu processo de aprendizagem, pois constituem desafios, exigem atitudes, forjam ações. A natureza permite a ação das crianças com maior independência e liberdade, o que qualifica a brincadeira, pois há muitos modos de brincar e jogar nos parques, pátios, jardins e campos, e, finalmente, possibilita estabelecer novos relacionamentos entre crianças de diferentes sexos, idades, estilos.

Nos últimos dez anos, um novo movimento surgiu no Brasil, vinculando as crianças aos demais movimentos sociais e identitários que emergem com maior força – movimentos de mulheres, étnico-raciais, ecológicos, etc. –, construindo uma perspectiva mais natural, social e cultural para sua educação. O movimento de "desemparedamento" das escolas infantis traz importantes contribuições para as práticas pedagógicas com as crianças a partir de uma leitura social do mundo onde vivemos (TIRIBA, 2018).

A seguir, compartilhamos o relato de uma professora sobre a relação educativa de crianças com a natureza em escolas infantis da Dinamarca, construindo experiências de aprendizagem.

Relato de experiência

Um olhar sobre o espaço externo nas instituições infantis da Dinamarca: entre lembranças e inspirações

Carolina Gobbato[1]

> *— Por que o espaço externo é tão frequentado pelas crianças nas instituições infantis da Dinamarca?*
> *— Porque estar ao ar livre faz bem. Bem para a vida, para as pessoas [...]*

(Diário da viagem de estudo; Aarhus, 2012)

Na busca por compreender a valorização do espaço externo na pedagogia dinamarquesa, a resposta recebida – porque faz bem para a vida – é inspiração e convite à reflexão sobre o tema. Passar o dia em um jardim de infância que fica no bosque, acender uma fogueira e sentar-se ao redor para assar pães, dormir ao ar livre, brincar na chuva, alimentar as galinhas e recolher seus ovos no galinheiro, subir em árvores, correr e embalar-se rapidamente, colecionar folhas e galhos, habitar o espaço exterior faça calor ou frio, neve ou sol. Essas são algumas lembranças da visita[2] realizada em instituições educativas de Aarhus, segunda maior cidade da Dinamarca, um país localizado no Norte da Europa.

---

[1] Doutora em Educação pela Universidade Federal do Rio Grande do Sul (UFRGS), professora adjunta do curso de Pedagogia na Universidade do Estado do Rio Grande do Sul (UERGS).

[2] Visitas realizadas em escolas infantis de Aarhus (Dinamarca), Pistoia (Itália) e Catalunha (Espanha), promovidas pela Associação de Mestres Rosa Sensat/Espanha, no âmbito do Congresso Internacional de Educação Infantil, em 2012. Na Dinamarca, as visitas foram organizadas pelo Sindicato dos Pedagogos – BULP/Federação Dinamarquesa de Educadores da Primeira Infância e Juventude. Um agradecimento ao Pedagogo Claus Jensen e aos demais profissionais das instituições visitadas em Aarhus pela acolhida e compartilhamento de experiências.

Durante a viagem de estudos, foi possível perceber na cultura dinamarquesa a preocupação com as questões ambientais. Recordo-me da intenção de Aarhus de tornar-se uma cidade livre de carbono, almejando constituir-se como uma "cidade verde" alimentada com energia solar.[3] Tal meta sinaliza que a relação das crianças com a natureza faz parte de um projeto maior que não se restringe aos limites da escola, pois as escolhas pedagógicas se relacionam a posições mais amplas – políticas, sociais, culturais.

Proporcionar que as crianças frequentem o espaço exterior, desde pequenas, envolve uma perspectiva de cidadania que se refere à vida em comum, ao coletivo, à formação integral dos sujeitos, ao cuidado com o planeta. Nos diálogos com os pedagogos[4] dinamarqueses, foi marcante a ideia de que o estabelecimento de uma relação de intimidade com a natureza na infância propicia que as crianças cresçam comprometidas com o presente e, também, com o futuro do meio ambiente.

Segundo Jensen (2010), entre as estruturas institucionais na Dinamarca que valorizam a vida ao ar livre há duas que são mais singulares e "radicais". As escolas bosque, chamadas de Skovbornehave, instituições nas quais as crianças passam o dia na floresta. E os espaços de jogo, chamados de Skrammllegepladser, contextos para expressão e construção em contato com a natureza, com madeiras e ferramentas para serrar e construir, animais como cavalos, ovelhas, galinhas e coelhos. É interessante perceber que as escolas bosque representam o movimento de levar as crianças do meio urbano para a floresta, enquanto os espaços de jogo levam a vida do campo para a cidade, com contextos de jogo e natureza localizados nela (JENSEN, 2010).

Essas informações contextualizam as práticas educativas desenvolvidas ao ar livre na Dinamarca e, também, denotam a complexidade que é relatar em poucas linhas uma experiência tão rica e singular, realizada em diferentes tipos de instituição.[5] Por isso, o olhar compartilhado neste

---

[3] Conforme informações verbais compartilhadas na visita realizada em um Centro da Natureza no ano de 2012.

[4] O pedagogo é o profissional que trabalha com as crianças nas instituições de educação infantil dinamarquesas (JENSEN; HADDAD, 2018).

[5] Para saber mais sobre os serviços para a primeira infância (*daginstitutioner*) e a formação dos pedagogos na Dinamarca, consultar o artigo de Jensen e Haddad (2018).

relato é situado, com um viés interpretativo em torno de dois aspectos: a potência das experiências oferecidas às crianças no espaço exterior das instituições infantis e a importância das aprendizagens construídas na natureza com foco no cotidiano das escolas bosque.

Sobre a potência do espaço externo: experiências das crianças pequenas ao ar livre

Nas instituições infantis visitadas em Aarhus, destacam-se os espaços e tempos para as experiências das crianças ao ar livre, em contextos convidativos à brincadeira, à exploração, ao movimento e à interação. A organização de estruturas, equipamentos e materialidades nos pátios representa, ao mesmo tempo que concretiza, a aposta pedagógica no espaço externo como lugar de vida e de aprendizagem.

A identidade pedagógica das instituições repercute no modo de ambientação dos espaços. Em um centro de educação integrado, por exemplo, chamou atenção o fato de que no pátio, além da construção principal, havia quatro instalações: a primeira, com várias janelas de vidro amplas, ursos de pelúcia e colchonetes dentro; a segunda, uma espécie de ateliê, com cavalete, tintas, som e pinturas das crianças; a terceira, ambientada em dois níveis, assemelhando-se a um navio, com timão, mapas, nichos, aberturas inusitadas e uma escada que levava a um recanto aconchegante; a quarta, uma casa com mobiliário e objetos diversos para brincar. Nesse pátio, encontramos também um labirinto sensorial, com materiais como esponjas, pedrinhas, transparências, azulejos e espelhos fixados nas paredes e no piso, além de outras estruturas para brincar. Uma área de construção convidada a criar e construir com estruturas de madeira.

Em outra instituição visitada, acolhedoras cabanas de vime localizavam-se em meio às árvores, bem como casas de madeira que convidavam a entrar e a brincar, fazer comidinha, refugiar-se e esconder-se. À disposição das crianças estavam vasilhas, panelas, pás e bolas. Na área central do pátio, um grande painel vertical de madeira continha formas, buracos, canos, locais para encaixes e transparências. Galinheiro, horta e espaço para fogueira, os quais serão abordados mais adiante, também eram um convite à relação com a natureza.

Brinquedos grandes feitos em madeira, como carro, trem e navio, compunham os contextos para brincar no espaço exterior das instituições dinamarquesas, bem como as estruturas para percorrer, explorar, subir, escalar, trepar, pendurar-se. Sempre de madeira, algumas delas eram interligadas por túneis compridos e largos, com passagens diversas, cordas e cortinas, outras por túneis menores com paredes e tetos transparentes. O convite ao movimento também era visível nas redes penduradas em árvores (que balançavam alto e rápido) e nos escorregadores projetados junto ao chão, de modo a acompanhar os desníveis do terreno.

Os balanços tinham bases amplas construídas com pneus largos e com assento de material semelhante a rede ou outros tecidos resistentes. Literalmente, convidavam a entrar neles e ocupá-los com o corpo todo, seja em pé, de joelhos ou sentado, diferentemente do que acontece nas tradicionais cadeirinhas de balanço onde o corpo fica sentado e "encaixado". Percorrendo o pátio, havia motocas, triciclos e bicicletas com crianças pedalando para deslocar-se de um lado a outro, e bebês sendo puxados pelos adultos em carrinhos de mão feitos de madeira.

Assim como o movimento e a brincadeira, a presença intensa da natureza também foi percebida nos espaços visitados, com a prevalência de árvores, flores, plantas, areia e grama. Nesse sentido, têm relevo alguns detalhes que fazem a diferença nas oportunidades geradas para o grupo de crianças. Por exemplo, a importância de dispor de um espaço amplo com areia e outros elementos para brincar, que seja próximo a uma torneira, ambientado com pedras, sombra de árvores, troncos, utensílios e materiais transportáveis, em contraponto a uma área delimitada com um pequeno tanque de areia situado em um espaço concretado.

Além disso, é preciso salientar a existência da horta, do galinheiro, assim como de estruturas permanentes para acender uma fogueira, realizar experiências com água em "caminhos" onde ela pode escoar, além de ninhos e bebedouros para os pássaros. Esses dispositivos tornam os espaços ao ar livre contextos privilegiados para observar pássaros, compartilhar os cuidados com os animais e as plantas, cultivar e colher alimentos, mexer na terra e fazer buracos, brincar com água, formar uma roda ao redor do fogo. Práticas tão valorizadas nas escolas visitadas porque os quatro elementos da natureza – terra, fogo, água e ar – são considerados essenciais na pedagogia dinamarquesa (JENSEN, 2010).

A inspiração é para espaços externos nas escolas que sejam convidativos a brincar, interagir, participar, conviver, movimentar-se, conhecer o corpo e suas possiblidades de ação no mundo natural. Pátios que se configurem como contextos de vida ao ar livre, propícios às aprendizagens das crianças sobre si e o outro, superando uma falsa dicotomia entre exterior e interior que, por sua vez, polariza brincar e aprender. Aspecto que pôde ser inferido pela apreciação de uma documentação na parede de uma instituição visitada, na qual boa parte das fotos que acompanhavam os relatos era referente a situações vividas ao ar livre. Isto é, os percursos de aprender das crianças em suas dimensões sociais, corpo e movimento, expressões e valores culturais, linguagem, fenômenos da natureza, natureza e hábitats,[6] ocorrem tanto no espaço interior quanto no exterior.

A documentação referida evidenciava as competências sociais das crianças construídas em situações interativas ao redor da fogueira, em um lanche ao ar livre, ao embalar-se dentro de uma rede com cinco amigos, na ajuda mútua para descer um barranco sem escorregar. Com relação ao corpo e ao movimento, as imagens mostravam as crianças brincando em um monte bem alto de folhas secas, em uma poça de lama, subindo em uma pedra gigante e equilibrando-se nela, bem como evidenciavam a autonomia ao lavar as mãos, vestir uma meia, frequentar uma feira. Os registros visuais indicavam que a apropriação de valores culturais, por sua vez, também pode acontecer em uma roda cantada ao ar livre. No que diz respeito à linguagem, havia na documentação cenas cotidianas em que as crianças estavam conversando entre elas e com adultos, tanto no espaço interior quanto no exterior, outras em que olhavam imagens sentadas embaixo de uma árvore no gramado, participavam de uma brincadeira de bola com o pedagogo.

Nessa perspectiva, acredita-se as crianças investigam, criam hipóteses, elaboram narrativas, imaginam, brincam e aprendem tanto dentro quanto fora. Assim, convém mencionar a riqueza dos espaços interiores, com seus tetos acolhedores e móbiles diversos, fotos da equipe na

---

[6] Essas dimensões compunham uma documentação que estava fixada na parede de uma das instituições visitadas, com fotos e registros escritos.

entrada das escolas, registros fotográficos e produções das crianças nas paredes, cordões luminosos, luzes e abajures espalhados pela instituição. No espaço interior, encontramos cenários temáticos e estruturas para brincar de faz de conta, com degraus para subir e nichos para entrar, móveis de casinha, ateliê com materiais diversos, sala com cordas, bolas, redes e barras para escalar e se pendurar, bem como espaços apropriados e singulares para alimentação e outras ações de cuidado pessoal. Ainda, cabe salientar que a ambientação interna das instituições infantis lembrava uma casa, com arranjos, plantas e móveis como sofá e cortina, contudo, sem reproduzir a lógica familiar, pois são espaços públicos projetados para a infância (HADDAD, 2020).

Também chamou atenção, nos contextos visitados, a circulação das crianças entre as salas dos grupos, assim como o trânsito entre interior e exterior. A atmosfera era de sintonia entre o que acontecia dentro e fora, apesar da diferença de temperatura, revelando uma conexão entre o espaço externo e o interno. As vidraças grandes permitiam a entrada da luz natural e o acompanhamento do que acontecia do lado de fora e vice-versa. Espaços intermediários tinham mesas e bancos para fazer refeições, sentar juntos e pintar, com uma cobertura transparente e móvel, conferindo claridade e sombra quando necessário.

A ausência de berços na sala dos bebês também foi provocativa para pensar a relação dentro-fora. Em uma espécie de varanda, estavam os "carrinhos de dormir", feitos especialmente para proteger os bebês da entrada de chuva e neve, acompanhados de sacos de dormir, gorros, luvas e meias de lã pura. Dentro dos berços, havia cobertas quentinhas e pertences individuais, como ursinhos e livros de histórias; do lado de fora dos carrinhos, escadas adjacentes pensadas para que as crianças que já caminhavam pudessem subir por conta própria. Esse costume de dormir no espaço exterior é uma tradição cultivada na Dinamarca porque há o entendimento de que o ar fresco é "bom para os bebês" (JENSEN, 2010).

Dormir ao ar livre, assim como acender uma fogueira e frequentar o pátio em todas as estações do ano, é uma prática que sinaliza "outros" modos de organizar a jornada diária e os espaços exteriores na educação infantil, denotando a potência que reside nas múltiplas possibilidades em torno da vida e das aprendizagens das crianças nos quintais das instituições.

Sobre aprender na natureza: particularidades de uma escola no bosque

As escolas bosque compreendem centros educativos que estão inseridos na natureza, são frequentados por crianças de 3 a 6 anos e têm como foco as vivências ao ar livre. Inicialmente, surgiram na década de 1960 em Copenhague para suprir a carência de espaços apropriados à construção das instituições infantis na zona central da cidade. Todavia, essa visão foi transformando-se nos anos 1980, com uma perspectiva pedagógica que valoriza a interação da criança com a natureza (JENSEN, 2010). As escolas bosque tornaram-se populares, sendo bastante procuradas pelas famílias.[7]

Nas primeiras idas ao bosque, os profissionais constroem com as crianças a delimitação de até onde podem ir na floresta e vão abordando como elas podem agir naquele espaço. Continuamente, de modo cuidadoso, as crianças vão se apropriando do entorno, explorando o local, sabendo onde estão, conhecendo o terreno, aprendendo a estar na natureza.

O cotidiano em uma escola bosque é repleto de surpresas e experiências que surgem no encontro com o meio natural, conforme foi possível perceber ao acompanhar um grupo em sua ida ao bosque:

> *O dia começou em uma instituição situada em Aarhus, que serve como uma espécie de ponto de encontro para as crianças. Após a organização dos pertences e do grupo, caminhamos para embarcar no ônibus que nos levou até a "escola bosque", localizada a três quilômetros e meio de distância da cidade. O trajeto foi cheio de conversas entre as crianças sobre o dia anterior, sobre o que fariam ao chegar no bosque, expectativas e planos.*
>
> *Ao descer do ônibus, fomos adentrando na floresta. No caminho, as crianças já iam explorando o espaço, brincando e se relacionando com a natureza. Três meninos transportaram um galho ramoso seco encontrado que, depois, serviria para uma brincadeira de faz de conta; algumas crianças foram colhendo flores miudinhas, colecionando raminhos e folhas secas; duas*

---

[7] Conforme informações verbais compartilhadas na visita a Aarhus no ano de 2012. Na ocasião, havia fila de espera de famílias para matrícula nas escolas bosque.

pararam para tentar empurrar e mover uma pedra gigante, um superdesafio.

Quando chegamos "realmente" ao bosque, nos dirigimos a uma construção de alvenaria. Algumas escolas bosque têm essas "casas de apoio" (JENSEN, 2013), onde as crianças podem se resguardar e estar momentaneamente, visto que a ideia central é ficar ao ar livre. Nela havia algumas produções das crianças, como desenhos e pinturas, muitos materiais naturais e ferramentas, uma cozinha, banheiros, algumas mesas e cadeiras, e local para guardar pertences. Ao entrarmos, as crianças procuraram seus armários para guardar suas mochilas, tirar ou colocar casacos. Foi possível perceber que em alguns armários, além de pertences, havia pequenas coleções de elementos da natureza, como pedrinhas, raminhos e conchas.

Em seguida, as crianças reuniram-se em uma espécie de varanda, onde conversaram com os pedagogos e cantaram ao redor do som do violão. Em seguida, em pequenos grupos de seis a oito crianças, acompanhadas de dois adultos, elas foram se dispersando e adentrando, ainda mais, na floresta. Em meio à natureza, o grupo que acompanhei foi criando brincadeiras, subindo em árvores altas, explorando os galhos e carregando alguns que estavam soltos pelo chão. Passamos por outro grupo de crianças que estava pintando e escrevendo em pedras, enquanto outro grupo subia em uma árvore alta e robusta.

Alguns minutos depois, chegamos a um local onde avistávamos o horizonte, uma paisagem linda e rodeada de plantas e árvores. Ainda que de modo tímido, o sol se fazia presente, em meio às temperaturas geladas daquele verão dinamarquês. Quando chegamos naquele local, o pedagogo colocou no chão a "bagagem" que trazia: um carrinho cheio de apetrechos – cordas, lonas, uma maleta de livros literários. Aos poucos, com a participação das crianças foi surgindo uma barraca. Dentro dela, as crianças lancharam e ouviram uma história sobre a cultura Viking. Nesse momento, infelizmente tivemos de nos despedir. No trajeto de retorno ao "ponto de apoio", encontramos outros

> *grupos de crianças explorando balanços e brincando em meio à natureza. No período da tarde, as crianças retornariam para a cidade.*
>
> **(Diário da viagem de estudo; Aarhus, 2012)**

A inserção vivenciada na escola bosque, ainda que breve, possibilitou perceber que ao ar livre há maior liberdade para correr, subir em árvores, se movimentar, observar os insetos, criar com os elementos da natureza, observar as mudanças da paisagem e das plantas nas diferentes estações do ano. As crianças podem experimentar seus limites nos balanços, aprender a caminhar em meio aos galhos de árvores com raízes sobressalentes na terra, descer barrancos, enfim, ampliar suas experiências no encontro com o que a natureza lhes apresenta. Tais possibilidades se contrapõem ao que ocorre quando não se busca o equilíbrio entre segurança e risco e, por consequência, os pátios das escolas acabam ficando sem desafios às crianças e se configurando como enfadonhos (JENSEN, 2010).

Nas escolas bosque, conforme Jensen (2013), as crianças seguem um percurso que não é preparado rigidamente pelos professores, mas idealizado por elas próprias, podendo escolher o que querem fazer naquele dia: balançar mais demoradamente, subir no galho mais alto, ir mais longe com a bicicleta, alimentar animais. Durante a visita, presenciamos uma criança que estava subindo em uma árvore. Em conversa com a pedagoga, ela contou ter percebido que, a cada dia, a menina foi tentando subir um pouquinho mais alto, destacando que esse processo representava uma grande conquista. Quer dizer, as crianças são muito criativas para testar seus limites, e sentindo-se desafiadas, vão definindo e aprimorando suas próximas aprendizagens, sem necessitarem ser sempre orientadas a realizar isso ou aquilo (JENSEN, 2013).

A possibilidade de as crianças escolherem o que querem realizar é importante, visto que a infância contemporânea está imersa em "ilhas direcionadas pelos adultos", espaços controlados em que elas já têm determinado o que devem fazer e aprender (HABERKON, 2010). Aprender a fazer escolhas, engajar-se naquilo que deseja e desafia, insistir, esperar, tentar novamente e ficar feliz com o resultado constitui um processo que constrói confiança em si mesmo e incide no aprimoramento das ações.

Constituem aprendizagens significativas vivenciadas na infância que as crianças levarão em sua vida, as quais não se enquadram em objetivos conteudistas, reducionistas e simplistas.

Uma pedagogia respeitosa com as experiências da criança só se solidifica quando há uma compreensão que a enxerga como sujeito capaz e atuante, o que está presente, de modo geral, na educação dinamarquesa. Conforme destacam Jensen e Haddad, na Dinamarca

> [...] os pedagogos tomam, como ponto de partida os processos em que as crianças já estão engajadas. [...] O pedagogo deve ser capaz de perceber e pedir permissão para participar no que as crianças já estão fazendo, e também deve ter competências para qualificar o que as crianças já estão fazendo. (JENSEN; HADDAD, 2018, p. 20).

Esse compromisso dos adultos com as crianças traduz-se na acolhida dos seus percursos de aprender, concretiza-se em ações educativas que lhes possibilitem agir de acordo com seus ritmos, curiosidades, interesses e, também, por meio do acompanhamento do vivido e do enriquecimento das experiências. Cabe aos adultos considerar o que as crianças estão fazendo, mas também buscar ampliar a socialização em meio ao coletivo, fazendo coisas juntos, "criando cultura" (JENSEN; HADDAD, 2018).

Nas visitas, o respeito ao tempo singular e as aprendizagens da vida em grupo se mostraram presentes de diferentes formas. Na escola bosque, recordo-me de quando o grupo esperou que três crianças subissem em uma árvore para somente então prosseguir na caminhada, do embalo alto e veloz do balanço de uma criança, da espera paciente do pedagogo que aguardava uma criança descascar o milho para assá-lo na fogueira. Nos centros de educação visitados na cidade, recordo-me de quando uma bebê subia, paulatinamente, degrau por degrau, apoiando-se com as mãos no chão até chegar ao topo do barranco onde estavam os amigos e o pedagogo, bem como do momento da chegada à escola quando as crianças retiravam seus casacos e botas para entrar na instituição. Essas lembranças indicam a presença e atitude respeitosa de um adulto que acompanha as crianças, sem apressá-las, dirigi-las ou fazer por elas.

Os processos da natureza, em sua vivacidade e diversidade de tempos, cheiros, cores e formas, constituem um mergulho aos sentidos que nos convida a observar, sentir, esperar, experimentar, explorar, criar, correr, escalar, tocar a terra, cheirar uma flor, subir em uma árvore, escutar um passarinho. A possibilidade de observar as transformações da paisagem nas estações do ano, de cultivar legumes, de acompanhar o amadurecimento das frutas traz ensinamentos sobre o fluxo da vida, proporciona a alegria das descobertas, o compartilhamento de conhecimentos. Com os elementos naturais, trazidos do bosque ou dos pátios para dentro das instituições, as crianças constroem uma postura curiosa e de troca, na qual se perguntam "por que é assim? o que significa?", imaginam o que podem criar e compartilham sentidos e ações com o convite "vamos fazer juntos?".

Conhecer a experiência educacional dinamarquesa problematiza o sentido restrito e empobrecido que, por vezes, ainda prevalece quando pensamos no uso do espaço externo na educação infantil. Quer dizer, nos incita a pensar na formação integral do ser humano, na importância de habitar mais os espaços ao ar livre, na relação das crianças com os seres vivos e os elementos naturais, no compromisso com uma educação voltada para as questões ambientais. Apesar de ser um olhar – local, pontual, subjetivo –, este relato é um convite para pensarmos no quanto o encontro com a natureza – suas transformações, imprevisibilidades e belezas – precisa e pode acontecer no cotidiano das creches e pré-escolas.

Em síntese, as lembranças compartilhadas advogam a importância da infância ao ar livre, do espaço externo reconhecido como local de importantes aprendizagens, de encontro, de vida. A aposta é de que as relações das crianças com a natureza são marcantes e se impregnam nelas, uma vez que com seu corpo aprendem a respeitá-la, e isso se estenderá para as interações com as pessoas e para um modo responsável e consciente de habitar o mundo.

Nosso país, tão verde e ao mesmo tempo colorido, tem uma vegetação abundante e diversa, com muitas espécies de árvores e flores, animais, rios e mares, alguns locais marcados por quatro estações, outros não. Nossas infâncias são plurais, do campo, ribeirinhas, quilombolas, indígenas, urbanas, de zonas centrais ou periféricas, cosmopolitas. Considerando nossa pluralidade, podemos inventariar possibilidades acerca dos modos de organizar a educação das crianças pequenas em meio à natureza. Em cada região, em cada instituição brasileira, é possível construir estratégias singulares que valorizem o espaço externo das instituições de educação infantil como local de vida cotidiana e encontro, como potência.

Ao olhar com atenção para o que acontece do lado de fora da janela, assim como para a experiência dinamarquesa, surpresas e estranhamentos suscitam reflexões e indicam possibilidades. Os quintais são espaços potentes para brincar, estar junto, explorar a área verde, criar com elementos naturais, construir com madeira, cantar e ouvir histórias, plantar e colher, observar insetos, cuidar de animais, aprender de modo integrado em meio à natureza. Ao ar livre, as crianças realizam importantes aprendizagens relacionadas a movimento, autonomia, corpo, linguagem, natureza e cultura, pensamento matemático, mundo físico e social, construindo conhecimentos de modo integrado.

Afinal, seja em um pátio pequeno de uma escola na capital, seja no terreno amplo e sem cercas de uma escola do campo, temos que pensar na nossa responsabilidade de educar as crianças para cuidarem da Terra. Fortalecer uma educação infantil que invista esforços para a construção de relações próximas e amáveis entre as crianças e a natureza.

2 Para além dos muros da escola:

a natureza e a cidade como ambientes de vida e aprendizagem

A morada do homem é o extraordinário.

Heráclito

Durante séculos vivemos em um mundo encantado onde o cosmos, o mito, o mistério estavam presentes tanto na natureza como na vida das aldeias. A partir do final da Idade Média, houve um intenso processo de secularização da vida, que pode ser condensado pela transformação dos modos de ver e usufruir o tempo. Os tempos inventados pelos gregos foram sendo condensados. O tempo *aiônico*, que mede a temporalidade pela intensidade, e o tempo *kairós*, que se refere ao tempo como oportunidade, reduzem-se ao tempo *cronos*, o tempo linear do relógio e do controle da vida e da produção (CAMBI, 1999). Tanto o Renascimento quanto, alguns séculos depois, o Iluminismo tiveram um importante papel na cultura ocidental ao provocar a separação entre a religião e o Estado (a vida civil), a natureza e a cultura, os sujeitos e os objetos, e também ao romper com muitas superstições, oportunizando conhecer, pensar, criticar e analisar as situações de modo racional, laico, científico e tecnológico.

Porém, esse movimento de emancipação, que teve seu apogeu na modernidade, trouxe como contrapartida a extrema racionalização da vida e, como disse Max Weber (2001), o "desencantamento do mundo", isto é, a perda da conexão com a magia, com o sentido do mundo e a salvação religiosa. A laicidade tornou aquilo que era sagrado, construído na relação com os outros humanos e com os deuses, uma experiência individual, arremessando os humanos ao encontro da finitude e da incerteza. Essa situação criou um vazio espiritual, pois, como afirmava Cassirer (2004), somos animais profundamente simbólicos. O individualismo – a ideia de que a vida humana pertence apenas a cada um e cabe a ele ou ela, por sua capacidade de pensar e arbitrar, a responsabilidade por suas decisões – embaraçou as possibilidades de solidariedade, cooperação e compartilhamento. Os ocidentais assumiram o desejo desenfreado de conquistar todas as camadas do mundo. Essa *hybris,* ou ambição desmesurada, levou ao expansionismo, ao utilitarismo, ao consumismo e, por fim, à destruição do planeta. Certamente, nesse processo, os homens quiseram igualar-se aos deuses.

No início do século XX, Vladimir Vernadsky, um geólogo russo, problematizou essa relação de soberania dos seres humanos ante a natureza e expôs a ideia de que nosso planeta era constituído no entrelaçamento entre cinco esferas, algumas humanas e outras não humanas, todas elas profundamente integradas,[1] que criavam um desequilíbrio dinâmico, ensejando a diversidade da vida. Revelar essa interdependência entre as esferas foi fundamental, pois recolocou na ordem do dia aquilo que nossos antepassados, e muitas civilizações ancestrais, já haviam desenvolvido como prática em sua relação com o planeta, isto é, a relação com o cosmos instituía um modo de vida definido pela compreensão das possibilidades e seus limites.

Essas ideias tiveram pouca escuta no início do século XX, mas foram revitalizadas em anos posteriores com a hipótese de Gaia, ou da vingança de Gaia (Lovecraft), da mãe-terra (Toynbee), da Pachamama ou Bem-viver (indígenas latino-americanos) e a do decrescimento (Latouche), entre outras – propostas que procuravam estreitar os vínculos de compromisso entre os seres humanos e seu *oikos,* seu *oikoumenê*, seu planeta, sua morada. Porém, até poucos anos atrás, o imaginário ocidental estava tão saturado de outros valores que não conseguia enxergar saídas, a não ser mais progresso.

A construção do modo moderno de vida, baseado no consumo, causou o fenômeno da grande aceleração, como Will Steffen e colaboradores (2007; AZEVEDO, 2020) referem no relatório *Mudanças Globais e o Sistema Terra* (2015), com intensas transformações sociais, econômicas e tecnológicas e a invasão de muitos ecossistemas, que até então estavam preservados pelos humanos. Segundo Ophuls (2017), desde então alguns problemas complexos, que afetam profundamente os habitantes do planeta, foram colocados como fundamentais para a humanidade: a exploração ecológica, a agressão militar, a desigualdade econômica, a opressão política e o mal-estar espiritual. A crítica que vem sendo realizada sobre os males da modernidade abriu espaço para a afirmação de três discursos, ou, ainda, três posicionamentos políticos: a indiferença, ou a manutenção do estilo de vida moderno, a construção discursiva dos diversos pós-modernismos e, finalmente,

---

[1] Litosfera: a camada externa, de rocha rígida; biosfera: a fina camada que transforma a energia solar em energia bioquímica, possibilitando a vida de todos os seres; atmosfera: o invólucro de gases conhecido como ar; tecnosfera: parte física do ambiente, que é modificada pelas atividades humanas, globalmente interligado, abrangendo seres humanos, animais domesticados, terras agrícolas, máquinas, cidades, fábricas, estradas, redes, aeroportos, etc.; noosfera ou logosfera: parte da biosfera ocupada pelas ideias e pensamentos humanos, onde se criam significados e consciência. Ao longo dos anos, foram feitas críticas a essa teoria e acréscimos, como da hidrosfera, esfera das águas, e da criosfera, dos gelos.

o retorno dos anti/pré-modernos, descrentes em relação à ciência, à tecnologia e ao livre-arbítrio.

Como disse Hanna Arendt (1981, 2003), a condição humana não tem nem uma essência, nem destino previamente definido, ela necessita de seres de ação, de criação, de invenção, que tomem posição e vislumbrem saídas ante um destino fatalista. No mundo moderno, acreditou-se que a consciência individual e o pensamento crítico seriam suficientes para garantir a felicidade de todos, mas essa perspectiva causou efeito devastador, pois uma comunidade é feita de um *ethos*, de um *modo de vida* compartilhado.

"Se pudesse ser dito que a natureza possui um *ethos*, este seria o *mutualismo*; ou seja, a cooperação harmoniosa para o maior bem do todo, que, simultaneamente, atende as necessidades das partes" (OPHULS, 2017, p. 55). Não há possibilidade de construção de uma vida comum sem o reconhecimento da alteridade, da singularidade de cada um em sua relação com o comum.

Alguns discursos da pós-modernidade procuraram explicar essa nova condição de vida, acentuando antigos binarismos e enfatizando seu oposto, impondo uma nova hierarquia, em que o novo termo adquire superioridade. O local, o identitário, o corpo, o mito, a poesia substituem o universal, a mente, o método, a ciência, e enfatizam o relativismo, uma das marcas mais profundas à crítica à ciência, à verdade e à razão.[2]

Essa visão binária de mundo, que acompanhou a filosofia e a religião desde o começo dos tempos, parece não ter fim, de um lado a outro do pêndulo. A filosofia oriental, por sua vez, tendeu a ser mais interessada na busca da harmonia das tensões, na complementaridade dos opostos. É importante lembrar que, no pensamento pré-socrático, emergiu a reflexão sobre essa possibilidade, mas ela foi suprimida.

Na harmonia de tensões opostas (Heráclito), no jogo cósmico do amor e da discórdia (Empédocles), e na tensão de ser e aparecer (Parmênides), há possibilidade de outro caminho para o Ocidente. Que esse caminho não tenha sido tomado, é um fato, mas a própria existência, nas raízes de nosso pensamento, desse outro possível coloca-nos algumas questões (UNGER, 2006).

---

[2] No limite, esse questionamento também autorizou a volta do autoritarismo, do terrorismo, da ignorância.

A compreensão que emerge da observação desse conflito pendular, sempre irresoluto, das tensões contrárias, é o que possibilita a criação de um espaço, de um projeto, que permite a convivialidade e o diálogo. Construir uma dinâmica includente e não excludente, uma epistemologia que deslize entre o uno e o múltiplo e que se proponha à invenção de um entrelugar ou, ainda, de um não lugar – espaço de conflito, de diversidade, de diferença, porém com a responsabilidade de criar alternativas comuns, onde todos ganham e perdem. Não se pode falar em uma escola que seja somente natureza ou cultura, nem pátio ou sala, cultura popular ou cultura erudita. Essas antinomias congelam posicionamentos e deixam os pontos de vista fixos, defensivos, ofensivos, sem a capacidade de escutar, dialogar, argumentar, agir e mover o mundo.

O planeta Terra parece estar em uma situação-limite e torna-se necessária a construção de atitudes educativas para o seu enfrentamento. A emergência do desafio ecológico no século XXI encaminha a refletir e a delinear caminhos, para encontrar não "uma" resposta, mas muitas. Repensar o lugar dos humanos neste planeta e, especialmente, sua relação com os não humanos será um desafio. Enfrentar este tempo sombrio exige criar descrições e narrativas – contingentes, possíveis, situadas – que possam fazer pensar e criar novos mundos.

Durante muitos séculos, a escola foi vista como um prédio com paredes fortes, que a separaram completamente do mundo externo. Classes presas no solo, ênfase nas cabeças cheias e não nas cabeças feitas, competição, resultados... essa escola não conseguiu propiciar uma atitude para o cuidado do mundo, o cuidado de si e do outro, apesar da urgência dessa decisão.

A perspectiva de uma educação que rompa com os muros da escola, que faça circular o dentro e o fora, que interligue a sala com o quintal, o pátio e a praça, a natureza com a ciência, a ciência com a tecnologia, a tecnologia e as humanidades é um traço importante do nosso tempo, um compromisso geracional, antes que seja tarde. Martin Buber (1971) sugeria que se prefigurasse futuro, pela construção de uma imagem utópica, que oferecesse indícios de caminhos. A escola é um desses lugares que oferecem signos (*ensignar*), indícios, trilhas. Phillippe Meirieu (2004) afirma que nesse mundo contemporâneo é fundamental ter, ou manter, alguns referentes, pois o que vemos é um mundo sem referências. Esta é a proposição deste livro: oferecer referentes e esboçar imagens utópicas.

SOBRE O APRENDER EM CONTEXTO

A perspectiva sociocultural (ROGOFF, 2005; BRUNER, 1997; BROUGÈRE; ULMANN, 2012), com apoio na antropologia e na sociologia (COHN, 2002; FERNANDES, 1976; LAVE; WENGER, 1991; INGOLD, 2015), mostra que a aprendizagem das crianças ocorre em momentos de contato e convívio, de interações entre pares e com sujeitos adultos. É participando das atividades socioculturais de suas comunidades que os seres humanos fazem seus primeiros intercâmbios, aprendem e se transformam. Isso poderia levar ao pressuposto de que todos se desenvolvem de modo regular, em uma perspectiva de apenas imitação e repetição, mas os estudos empíricos da antropologia mostram que há uma grande variedade nos processos de desenvolvimento dos seres humanos, mesmo quando habitam a mesma comunidade.

Cada comunidade – família, escola, bairro – tem organização, funcionamento e valores que estão expressos nos modos de disposição das tarefas do dia a dia, e os bebês e as crianças pequenas vão interagindo e assumindo papéis cada vez mais complexos, em um tipo de *participação orientada* (ROGOFF, 2005). Cada criança experiencia no cotidiano o que sua comunidade tem a ofertar a ela – histórias, paisagens, alimentos, brincadeiras –, imitando aquilo que observa e lhe transmitem e, ao mesmo tempo, colocando sua subjetividade, sua interpretação, sua autoria, seu modo de fazer, dando sentido ao mundo e construindo sua experiência humana.

Portanto, a aprendizagem, como a socialização dos mais jovens, não é um processo vertical, absolutamente controlável, mas um diálogo imersivo entre o cultural e o natural, o social e o pessoal, o velho e o novo, o corpo e o ambiente. A criança aprende aquilo que a desafia a tornar-se alguém no grupo; aprende por meio de uma participação direta ou pela observação distante, pelo uso de instrumentos previamente existentes ou pela criação de outras ferramentas. As crianças aprendem na convivência o que a sociedade gostaria que aprendessem, mas também aprendem o que escutam nas conversas entre adultos, o que espiam pelas portas; elas aprendem o que vivem e o que fazem junto com os outros em seus contextos.

Em uma escola de educação infantil, para tornar essa ideia concreta, a ação de uma criança que realiza múltiplas tentativas para aprender a amarrar os sapatos, se observada pela sua obviedade, pode ser compreendida como banal e corriqueira. Em contrapartida, nessa aprendizagem estão correlacionadas muitas observações anteriores da criança, que envolvem curiosidade, desejo, necessidade, reconhecimento de sua corporeidade, demonstração de suas habilidades, autonomia e a apropriação de uma prática cultural importante na sociedade na qual está inserida. A ação de amarrar os sapatos, mais tarde, poderá ser transformada em uma prática habitual e familiar, mas, naquele momento, é uma aprendizagem muito complexa e com pouco crédito por parte dos adultos em algumas instituições infantis, assim como tantas outras aprendizagens que as crianças realizam no cotidiano (KREMER, 2019).

As instituições culturais, como as igrejas e as escolas, os museus e as bibliotecas, e também as naturais, como parques e praças, estabelecem importantes práticas e rituais que se transformam em referências sociais. Esses ambientes e suas culturas ofertam signos de aprendizagens que dão sentido compartilhado à vida das pessoas e das comunidades. As aprendizagens na primeira infância não são resultado de lições, mas de processos de vida, de encontros, de observações, de perguntas, descrições, imitações, resistências, dúvidas, investigações e alterações. Alguns antropólogos fortalecem essa concepção ao afirmar que toda aprendizagem é situada, pois é construída *das* e *nas* relações interpessoais, isto é, contextos e práticas inseridos no processo histórico da vida social (LAVE; WENGER, 1991; INGOLD, 2015), o que sugere que a educação é, antes de tudo, construir a atenção ao mundo, estar atento ao entorno, observar, explorar cenários cotidianos. Como afirma Cohn (2005), para investigar um fenômeno educativo, devemos nos perguntar o que significa educar e aprender no contexto investigado, quais as relações que estão envolvidas nesse processo e de que criança estamos tratando. Esse pensamento é atualizado por Kremer (2019, p. 46), que diz:

> [...] não são apenas as grandes teorias formuladas por adultos, sem a escuta das crianças, que podem colaborar na produção de novos conhecimentos sobre a aprendizagem, mas que contextos específicos e o quê os atores sociais que neles compartilham o cotidiano têm a nos dizer sobre as aprendizagens que experimentam.

Os ambientes onde as crianças brincam, se relacionam, criam estratégias, convivem, produzem as suas culturas infantis são fundamentais, pois é nessa interação que elas aprendem e se constituem como sujeitos. Esse é o motivo pelo qual a educação infantil tem dado tanta atenção à discussão dos espaços escolares, dos tempos, das materialidades, das relações (BARBOSA, 2006) e sua função como propiciadores de aprendizagens compartilhadas autônomas das crianças, procurando um diálogo fecundo com o entorno, o contexto e, neste livro, com a educação ambiental.

EDUCAÇÃO AMBIENTAL: SALTANDO OS MUROS DA EDUCAÇÃO INFANTIL

O Brasil se destacou nos últimos 30 anos por suas preocupações ambientais e, ainda que não tenha conseguido dar conta das questões ligadas à proteção e ao cuidado da sua natureza, do ponto de vista do debate internacional foi um importante interlocutor dessa temática e referência em suas legislações e políticas públicas desde os anos 1970.

O reconhecimento do papel transformador e emancipatório da educação ambiental torna-se cada vez mais visível diante do atual contexto nacional e mundial, em que se evidencia, na prática, a preocupação com as mudanças climáticas, a degradação da natureza, a redução da biodiversidade, os riscos socioambientais locais e globais, as necessidades planetárias (BRASIL, 2012b).

Os movimentos sociais ambientalistas de todas as tendências, dos mais conservacionistas aos mais contemporâneos, conseguiram que a Constituição Federal de 1988 já definisse a promoção da educação ambiental em todos os níveis de ensino (BRASIL, [2021]). A Lei nº 9.795 (BRASIL, 1999) determinou que a educação ambiental fosse oferecida de modo integrado, contínuo e permanente, desde a educação infantil até o ensino superior. Em 2012, no âmbito da elaboração de diversas diretrizes curriculares, o Conselho Nacional de Educação (CNE) aprovou a Diretriz Curricular Nacional da Educação Ambiental, que contempla o marco legal nacional e internacional da educação ambiental, apresenta os princípios e objetivos no âmbito nacional e propõe modos de organização curricular.

A concepção legal de educação ambiental no continente latino-americano assume que ela engloba o ambiente natural e aquele construído e no qual as pessoas se integram (BRASIL, 2021b). A educação ambiental é definida como um espaço curricular e extracurricular em que os sujeitos aprendem saberes tradicionais e conhecimentos científicos para que possam colaborar de modo responsável, crítico e participativo de tomadas de decisão transformadoras na direção de culturas de sustentabilidade socioambiental. A educação ambiental é

> [...] elemento estruturante que demarca um campo político de valores e práticas, mobilizando atores sociais comprometidos com a prática político pedagógica transformadora e emancipatória capaz de promover a ética e a cidadania ambiental. (BRASIL, 2012b, documento *on-line*).

Ao estudar as Diretrizes Curriculares Nacionais de Educação Ambiental, torna-se fácil relacioná-las com as Diretrizes Curriculares Nacionais para a Educação Infantil (DCNEIs), pois estas já anunciavam o patrimônio ambiental como uma das suas fontes curriculares, bem como a relação com os diferentes povos e culturas que habitam nosso país. Ambas defendem que se compreenda o meio ambiente em todas as suas dimensões, portanto anunciam uma prática pedagógica que precisa de uma abordagem complexa e interdisciplinar, que possibilite a experiência e supere a visão fragmentada de conhecimento, ampliando a curiosidade pelos saberes e conhecimentos.

Na creche e na pré-escola, meninos e meninas ressignificam e recriam a cultura herdada (natural/cultural) e constroem suas identidades pessoais e culturais ao interagirem com suas raízes e com as demais pessoas que os cercam. Aprender a valorizar e a cuidar daquilo que é de todos, e também daquilo que é característico de cada um, é uma tarefa fundamental no sentido da construção da mutualidade, da responsabilidade e do compromisso com os demais.

As proposições práticas da educação ambiental também sintonizam com a educação infantil ao mostrar a importância da observação, da atenção, da contemplação e do estudo da natureza, seus ciclos naturais e suas interações, possibilitando a descoberta de como as diferentes formas de vida, humanas e não humanas, relacionam-se entre si, tornando-se interdependentes.

A realização de projetos e atividades lúdicas e artísticas que valorizem o sentido de pertencimento dos seres humanos à natureza, a diversidade dos seres vivos, as diferentes culturas locais, a tradição oral, entre outras, são essenciais, sobretudo aquelas propostas desenvolvidas em espaços nos quais bebês e crianças se identifiquem como integrantes da natureza, estimulando a percepção do meio ambiente como fundamental para o exercício da cidadania.

Os espaços naturais podem promover experiências que contemplem a produção de conhecimentos científicos, sobre o cuidado, a preservação e o conhecimento da sociobiodiversidade e da sustentabilidade da vida na Terra. Dialogar na escola sobre os posicionamentos institucionais ante temas como saúde, segurança, alimentação, ciência, brinquedos, cuidados com os espaços ao ar livre e os espaços cobertos, interações sociais, participação na vida do território – bairro e cidade – é o modo de organizar uma proposta pedagógica robusta, compartilhada. O foco na prevenção de riscos, na proteção e preservação do meio ambiente, na saúde dos seres vivos e na construção de sociedades sustentáveis a partir de uma perspectiva estética, ética e política da vida individual e coletiva é uma das experiências mais significativas que podemos possibilitar às novas gerações.

EDUCAÇÃO AMBIENTAL E EDUCAÇÃO INFANTIL: O CUIDADO COM O MUNDO

Em um mundo tão afastado da tradição, da memória, da sensibilidade e cruelmente afetado pela crise climática, a perspectiva educacional das crianças pequenas precisa ser redimensionada. Hanna Arendt (2003) lembra que a educação é a tarefa de formar as novas gerações para que elas possam inaugurar novos começos, trazendo a esperança de um outro mundo. O amor ao mundo, este ou o futuro, exige a responsabilidade de cuidá-lo. Amar e cuidar o mundo parece, portanto, o grande desafio para a educação (COURTINE-DENAMY, 2004). Alguns autores, como Danowski e Castro (2014), Stengers (2015), Garcés (2017) e Latour (2020) apontam que estamos diante de duas questões em relação à ecologia: como vemos as possibilidades de continuidade do mundo e qual o papel que podemos atribuir à educação. Seria uma educação mais nostálgica, que remete à preservação, ou outra mais aceleracionista, que procura resolver o impasse ambiental com uma política tecno-econômica cada vez mais intensa, ou ainda construir outras saídas? Posicionar-se ante esse impasse é uma questão fundamental para as escolhas educativas de cada professor e das propostas da escola.

Capra *et al.* (2006), assumindo a importância de uma alfabetização ecológica, afirmam não ser possível multiplicar um processo formativo previamente definido, pois cada comunidade procurará as suas próprias soluções a partir de algumas pistas, como conhecimento do lugar e das tradições, das relações entre as pessoas, de uma visão de longo prazo e, finalmente, das estratégias de ação para a transformação. Os autores avançam em defesa de uma escola mais lenta, onde as ações cotidianas, como as de alimentação, sejam acompanhadas de valores como cuidado, beleza, concentração, discernimento, sensualidade, isto é, coisas que realmente importam na vida da escola e de cada um.

Em seu livro, afirmam que em uma *slow school* a criança aprende um pouco de teoria e prática sobre: o que quer fazer? Quem é ela? Do que gosta? Esse conhecimento está inserido nas escolhas da prática e é o que dá vida à prática (HOLT, 2006). Para a ampliação dessa reflexão, dois princípios são essenciais: a escola precisa estar situada em seu contexto, nas suas relações com a comunidade e a família, e examinar, criticamente, qual nível de abrangência curricular se propõe. Muitos outros autores trabalham com o tema da escola lenta, entre eles Gianfranco Zavalloni (*A pedagogia do caracol: por uma escola lenta e não violenta*), Joan Domenech Franchesc (*Elogio da educação lenta*) e Penny Ritscher (*Escola slow*), que se refere à ideia de uma educação de tempo lento nas escolas de educação infantil, sintetizada a seguir.

Por uma escola *slow*
Penny Ritscher

Ganhar tempo
Fazer menos para fazer melhor
A educação acontece em todos os momentos
Programar por situações
Enriquecer contextos
O paradoxo pedagógico da informalidade programada
Processos mais que produtos
Autonomia acompanhada
Falar menos e escutar mais
Divertir-se escutando
Provocar pensamento
Problematizar
Um ambiente pensado que faz pensar
Discutindo se aprende
Aprender a aprender
Saber brincar com o nada
Por beleza (os olhos querem sua parte)

Hutchison (2000, p. 136) afirma que um currículo "[...] deveria partir de como as crianças percebem o mundo a sua volta e interagem com ele em uma base contínua". As crianças aprendem mais quando estão em ação, construindo coisas, participando de eventos, seguindo suas iniciativas. São elementos importantes para aprender o espírito do lugar: os materiais naturais, a jardinagem, o estudo da forma – os padrões e as diferenciações –, a história do universo e seu inter-relacionamento com a vida.

Para uma criança desenvolver um sentido de pertencimento e reciprocidade com o mundo – natureza e cultura –, é preciso um processo de adensamento da sua relação com o habitar o mundo. Habita-se a casa, mas também se habita o espaço externo: a cidade, o bairro, a rua, os espaços verdes, as praças. Esse é um processo longo, que se faz em situação de vida coletiva, junto com outras pessoas, na participação e no diálogo.

"Com suas próprias fábulas de grandeza e de aventura, a história do universo é uma extensão lógica na busca de uma história pessoal para a criança" (HUTCHISON, 2000, p. 135).

É fundamental para o futuro do planeta que as crianças se sintam situadas no mundo, desenvolvendo com ele uma relação direta pela corporeidade e a sensorialidade, aprendendo a escutar o espaço, que é a matriz emocional do habitar, e tendo tempo livre para vivenciar todas as suas experiências na escola, elementos que fazem parte daquilo que se denomina a arte do habitar.

Como já citado, uma proposta de educação de bebês e crianças pequenas no espaço externo promove aprendizagens contextuais, como sentir as mudanças no clima, a passagem das estações, as sonoridades dos espaços, os cheiros das plantas. Isso possibilita relacionar o corpo ao espaço, sentindo o mundo, experimentando os desafios que este oportuniza, ao brincar sozinho ou com os pares, tendo atenção, criando curiosidade e realizando pesquisas, investigações. Esses são elementos importantes para que a vida pessoal entre em sintonia com a vida do planeta, e construa o compromisso comum. Bateson (2006) afirma que o desenvolvimento nasce da relação corpo-mundo.

Os pátios, jardins e quintais são laboratórios abertos, ao ar livre, para as crianças intercambiarem com a natureza. Esses espaços desafiam os adultos, pois eles têm necessidade de estabelecer uma relação de controle, de "garantia" de segurança, de proteção, muitas vezes excessiva, que não dá espaço para a aprendizagem livre das crianças. No entanto, é importante lembrar que espaços externos, como praças, ruas, teatros, oferecem apoio para as crianças nas suas experiências desafiadoras, incitam a uma atitude de coragem ante o desconhecido, de cuidado e atenção, sugerem enfrentamento de situações novas com espírito de aventura, oferecendo referências de responsabilidade e cuidado do outro. As crianças precisam de um território de pertencimento, pois este lhes oferece elementos identitários tanto sociais como pessoais. Oferecer ambientes prioritariamente naturais auxilia na ruptura do senso comum de que ambientes externos, sejam naturais ou construídos, são apenas perigosos e amedrontadores.

Atualmente temos a responsabilidade de mudar a cultura institucional das escolas infantis em relação aos espaços externos, sejam eles os pátios ou as ruas e/ou o território. Qualquer ação educativa referente ao tema exige reflexão sobre a relação escola-mundo, uma concepção clara sobre a relação entre educação infantil e educação ambiental, como recuperar os espaços externos nas escolas e ampliar as possibilidades de participação em outros espaços das e para as crianças.

A educação das crianças na escola não tem sentido se não for realizada em parceria com as famílias, tendo em vista as provocações da ampliação dos espaços. É preciso conversar com as famílias sobre a importância dos desafios e o conceito de segurança, discutir a sujeira, as alergias, as doenças respiratórias, a fim de chegar a consensos sobre o que é possível. Também o trânsito e os perigos da cidade são temas importantes para ampliar mundos e transformá-los. Realizar na escola momentos de convivência, como passeios com as famílias em espaços externos, ajuda a construir referências comuns para aprender a usufruir da cidade e suas potencialidades.

Quanto às crianças, elas têm o direito de participar na construção dos ambientes da escola e de compartilhar com os adultos um conceito de beleza. Esse senso estético é construído a partir de um processo contínuo de proposição, realização das transformações, uso ativo, crítica, rearranjos.

Para realizar essas ações com crianças e familiares, é fundamental o desenvolvimento profissional dos professores, a formação como um exercício do pensamento individual e coletivo a partir da ação, buscando saberes que ajudem a compreender e que tragam novos elementos para o fazer. Como dizem Contreras e Perez (2010), uma formação que retorne à experiência para ganhar em experiência; para ganhar na capacidade de deixar-se surpreender pelo que acontece e o que nos acontece, para voltar, assim, a pensar e a descobrir novos sentidos, novas possibilidades, novos caminhos, inclusive naquilo que poderíamos considerar o dado, o velho, o legado da tradição.

Os espaços compõem com a proposta pedagógica o cerne da vida cotidiana da escola. Projetar uma recomposição dos espaços físicos é uma ação que envolve muitas pessoas – colegas, famílias, crianças – e que certamente contribui para que todos usufruam o direito ao ambiente acolhedor e à beleza. A reorganização de espaços coletivos para que, a partir da ação humana, se transformem em lugares ou ambientes exige estudos pedagógicos, arquitetônicos, de contexto social e cultural, pois é uma ação política, que implica valores, desejos, vivências, organização da vida, não sendo necessário ter *expertise* profissional para levantar sugestões e ideias (Figura 2.1).

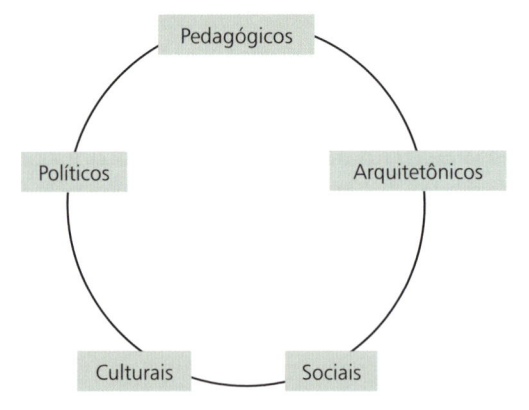

FIGURA 2.1 Aspectos a serem considerados na reorganização de espaços coletivos nas escolas.

Há uma profunda relação entre a qualidade do ambiente e a qualidade das aprendizagens realizadas por crianças e adultos. Na transformação dos ambientes escolares, algumas perguntas se impõem:

- Como organizar?
- Por quê?
- Com qual suporte teórico?
- Com quais objetivos culturais?
- O que queremos aprender?
- O que um novo espaço pode oferecer?

Acompanhar as experiências realizadas, avaliá-las, revisá-las e modificá-las junto com as crianças é uma ação docente contínua, pois educação é sempre um processo que abre espaço para muitas aprendizagens e institui um campo de investigação para os professores sobre a sua prática.

A seguir apresentamos uma experiência que ilustra os aspectos abordados neste capítulo.

Relato de experiência

O pátio como um grande laboratório[3]

Eleonora das Neves Simões[4]

O encontro com as crianças e suas apropriações dos espaços da escola me colocou várias perguntas, mas quero destacar uma: como percebemos e organizamos o pátio das escolas de educação infantil?

Em geral, o pátio é um espaço percebido como lugar de vazão de energia das crianças. Um espaço para correr e correr, desconsiderando as inúmeras experiências possíveis das crianças com seus pares, com os adultos e com as materialidades ali presentes. A partir de uma pesquisa realizada em uma escola de educação infantil, localizada em um município da região metropolitana de Porto Alegre (RS), percebi que as crianças nos convidam a subverter e a transformar a percepção que temos quanto aos usos e às possibilidades do pátio.

A observação atenta das intervenções das crianças e das relações que estabelecem com as materialidades do pátio e com os seus pares me levou a perceber que elas nos convidam a pensar e a olhar para o pátio da escola de educação infantil como um grande laboratório. As crianças construíam e transformavam, cotidianamente, o pátio em um lugar de encontros, de experiências, de brincadeiras e jogos simbólicos, de experimentos, de construção de conhecimento e de hipóteses sobre como as coisas do mundo funcionam.

As crianças do grupo que acompanhei tinham entre 4 e 5 anos. Era uma turma de turno parcial, que frequentava a escola no período da tarde. Observei que a professora utilizava três pátios com o grupo. O pátio

---

[3] Relato produzido a partir dos dados da pesquisa de mestrado, financiada pelo Conselho Nacional de Desenvolvimento Científico e Tecnológico (CNPq) por meio de bolsa de estudos, desenvolvida no âmbito do Programa de Pós-graduação em Educação da Universidade Federal do Rio Grande do Sul (UFRGS).

[4] Professora de educação infantil da rede municipal de Rio Grande (RS), licenciada em Pedagogia pela Universidade Federal de Rio Grande (FURG), mestra em Educação pela UFRGS, doutoranda no Programa de Pós-graduação em Educação da Universidade Federal de Pelotas (UFPel).

interno era parcialmente coberto, com a maior parte em cimento, e estava localizado bem no meio da instituição, de modo que as salas ficavam ao redor. Nesse pátio, havia brinquedos fixos, como balanços; desenhos no chão, feitos com tinta, formavam uma amarelinha e uma pista. Havia também alguns bancos, semelhantes aos de praças, uma pequena árvore e canteiros. O pátio externo, que ficava na entrada da escola, tinha brinquedos tradicionais, como balanço, escorregador, gangorra, e também uma casinha de tijolos com telhado, telefones sem fio feitos com tubos de PVC e três tubos de concreto. Praticamente todos os grupos iam para esse pátio no mesmo horário, algo em torno das 15 horas. Ainda, as salas tinham nos fundos uma porta, que dava acesso a outro pátio de uso comum. As salas do lado direito tinham acesso a um pátio, e as do lado esquerdo, a outro pátio.

Nesse pátio interno e no externo da frente, as professoras e a gestão tinham organizado alguns espaços de brincadeiras para as crianças, em um investimento para propor outras possibilidades. Era possível ver no pátio interno um jogo tipo cestas de basquete, feito com galões de água de cinco litros, decorados com galinhas feitas em EVA, além de bambolês pendurados em uma viga. A supervisora destacou que tais intervenções foram realizadas por perceberem que aconteciam muitos conflitos entre as crianças. Já no pátio externo, havia telefones sem fio feito com canos de PVC, enterrados no solo. As crianças constantemente colocavam areia dentro dos canos e todos os profissionais pensavam em alguma forma de impedir essa situação.

Quero me deter no pátio externo, mas, para relatar uma das situações, preciso começar pela sala.

Max Steel[5] brincava com um carro preto. Era um brinquedo da escola. Ocorreu um conflito para saber quem ia ficar com o carro. Nesse momento, Peter-Homem-Aranha diz aos colegas que trouxe um carro e os chama para vê-lo na mochila. Alguns colegas se aproximam, enquanto Peter-Homem-Aranha coloca a mão dentro da mochila, que está pendurada em uns ganchos, para procurar o carro que trouxe. Enquanto dois deles brincavam ao redor de uma mesa, Nicholas-Cage foi até a sua mochila, abriu-a e ficou procurando algo. Ele também encontrou um carro. Os me-

---

[5] Nesta pesquisa, as crianças escolheram os nomes pelos quais gostariam de ser identificadas.

ninos brincavam juntos, até que chegou o momento de o grupo ir para o pátio externo. Quando a professora avisou às crianças que iriam para esse espaço, uma delas perguntou se podiam levar os carrinhos. A professora respondeu que não e solicitou que os guardassem na mochila.

Em minha análise, houve, nesse momento, um conflito de pensamentos entre as crianças e a professora, tanto com relação à percepção dos brinquedos que podem ser levados ao pátio quanto àquilo que entendemos que é a função do pátio dentro do cotidiano e das rotinas nas instituições.

Interpretando o gesto da criança, analiso que ela quer comunicar a sua singularidade, evidenciar seus gostos para o coletivo, que se materializa no pátio e nos colegas. As mochilas se constroem como um modo de colecionar lugares e fazê-los conversar, se aproximar – nesse caso, a casa com a escola, e, assim, a vida vai se compartilhando quando o corpo procura a mochila e a abre.

No caso da professora, analiso que sua resposta manifesta o medo e o receio de que aquele brinquedo que veio de casa seja perdido no pátio, em meio à areia, ou mesmo emprestado para outra criança. Há ainda que se pensar o modo como lidamos com os brinquedos que as crianças trazem de casa, mas isso talvez seja outra conversa. Aponto, então, que pensar os espaços coletivos da escola também é pensar que brinquedo ofertamos, como o ofertamos e por que esse brinquedo e não outro.

Não há espaço para carrinhos no pátio?

As crianças questionam o instituído e colocam os carrinhos no bolso da calça. A professora não vê. O grupo, os carrinhos, eu e a professora seguimos para o pátio. Mesmo com a proibição, as crianças encontram um jeito de traçar novas conexões com o brinquedo.

Na gangorra, Max Steel e Peter-Homem-Aranha exploram a relação entre o movimento da gangorra e o do carrinho. Nessa experiência estão quatro crianças. Duas delas estão posicionadas sentadas em cada um dos lados da gangorra, Peter-Homem-Aranha está ao lado da gangorra, de joelhos no chão, colocando o carrinho bem no meio da tábua. Do outro lado, estava outra criança, de outra turma, que, ao mesmo tempo em que despeja a areia de um objeto, observa o que os meninos fazem.

FIGURA 2.2 Crianças interagindo no pátio da escola.
Fonte: Imagens obtidas pelas crianças participantes do projeto e gentilmente cedidas por Eleonora das Neves Simões.

Eles dão muitas risadas. Demonstram surpresa quando, ao colocar o carrinho na gangorra, ele começa a se movimentar para o lado mais baixo. As crianças que estão sentadas na gangorra começam a movimentá-la para cima e para baixo. Algumas vezes o carrinho não acompanha e até cai da gangorra. As crianças, curiosas, o recolocam várias vezes na tábua da gangorra. Vão para cima e para baixo rápido, tentam mais devagar, observando o movimento que o carrinho produz a partir dessas interferências. Em alguns momentos, as crianças demonstram não entender por que o carrinho não percorre todo o trajeto da tábua, de um lado para o outro. Dependendo do ponto em que o carrinho está, este se dirige para um lado ou outro, ou, ainda, fica apenas em um lado, percorrendo o trajeto da tábua somente até a metade da gangorra.

De um espaço aberto com areia grossa, brinquedos fixos e um convite somente a correr, as crianças transformaram o pátio em um grande laboratório e nos convidam a olhá-lo dessa forma. As crianças exploram conhecimentos da física, como movimento, deslocamento, velocidade e tantos outros possíveis, dessa ou de outras áreas de conhecimento. Sem dar aulas, sem as gavetinhas do conhecimento, as brincadeiras e interações correlacionam múltiplas linguagens: as linguagens do corpo, que se equilibra e coordena os movimentos das pernas com a força e o impulso para movimentar a gangorra, as linguagens das relações, dos materiais, etc. As crianças, como artistas, criam novas relações entre os brinquedos.

De maneira um tanto caricatural, um laboratório é um espaço que permite a experimentação, a manipulação, a conexão de uma coisa com outra coisa. As atividades que se desenvolvem em um laboratório envolvem observar, experimentar, criar hipóteses, produzir conhecimentos. O pátio, como um grande laboratório, é mais do que um lugar apenas para passar o tempo. É um outro lugar. Um lugar para a singularidade traçar laços afetivos e científicos consigo e com a coletividade.

Staccioli (2013) relata como o escorregador se torna palco para diferentes encontros e experiências, além de subir os degraus e escorregar. Aqui, escutando e dando as mãos para as crianças, podemos perceber como outros brinquedos do pátio, neste caso a gangorra, podem aninhar muitas possibilidades. Ainda, nos acontecimentos que descrevi, analiso a presença também de um convite a pensar que materiais e objetos compõem ou podem compor o pátio, bem como que condições de experiência são criadas e produzidas a partir da seleção que fazemos. Um movimento de se aproximar das crianças e repensar os caminhos.

3 A vivência dos campos de experiências nos espaços externos

Refletir sobre a vivência dos campos de experiências nos espaços externos nos leva a discutir algumas questões relevantes que dizem respeito ao cotidiano nas instituições de educação infantil e as implicações decorrentes da organização curricular.

Pensar no dia a dia das crianças pequenas que frequentam instituições de educação infantil, a maioria delas por mais de oito horas diárias, nos chama atenção para a grande responsabilidade que temos como educadores, a fim de tornar esse cotidiano qualificado, para que elas encontrem sentido pessoal naquilo que realizam. Sobretudo, é importante que esse tempo seja prazeroso e instigante para todos os sujeitos envolvidos na escola.

Duas razões estão implicadas nessa premissa. O fato de sabermos que esse é um tempo precioso na vida das crianças, em que descobertas, relações e experiências oferecem a possibilidade de elas se constituírem como sujeitos sociais, pertencentes a uma cultura e, ao mesmo tempo, a oportunidade de instituírem as suas singularidades no mundo. É na infância que as crianças alicerçam as aprendizagens que serão construídas ao longo de sua vida e, consequentemente, em um plano mais afetivo, essas reservas de entusiasmo estarão disponíveis pelo resto da vida.

De modo geral, o cotidiano vivido nas instituições não está de acordo com esse pensamento, pois o modelo de prática educativa vivenciado no dia a dia de grande parte das escolas de educação infantil contempla os saberes curriculares considerados importantes como "conteúdos ou objetos a serem transferidos", em uma sequência sempre igual de atividades planejadas e "rigorosamente" executadas e avaliadas. Muitos atos e situações vividas pelas crianças com grande significado para elas muitas vezes são considerados banais e sem importância pelos adultos. A organização do cotidiano está geralmente ancorada em uma rotina elaborada sem a participação das crianças, sem a acolhida do que emerge nos encontros entre elas e delas com as professoras.

A concepção de infância e as inspirações pedagógicas consideradas pela escola e pelos educadores têm grande importância no modo como o cotidiano é proposto e vivido. Se acreditarmos ser a concepção de infância uma construção social, estamos de acordo que essa construção não é natural e semelhante em todos os locais, sendo necessário considerar duas questões: a primeira é ter atenção ao contexto e levar em conta todas as variáveis sociais, como gênero, classe econômica, raça e religião, que oferecem elementos para que as crianças se constituam como sujeitos. A segunda é considerar que as culturas locais, as culturas familiares, as culturas elaboradas para as crianças e as culturas infantis são elementos fundamentais na sua educação.

Outra ideia importante é a de infância entendida como uma construção social que nunca está completamente acabada, pois varia de acordo com os discursos sociais, legais e familiares para poder se constituir, e, nesse processo, está sempre presente o embate entre as diferentes percepções de mundo. Alguns pensam e defendem que crianças não devem trabalhar, outros acham que o trabalho é um princípio educativo, outros ainda escravizam crianças para obter maiores lucros. São concepções diferentes sobre como os tempos de infância devem ser vividos pelas crianças e estão profundamente vinculadas a aspectos políticos, econômicos e morais.

Reforçando o entendimento de que a educação é um processo social e relacional, é fundamental pensarmos como os adultos podem produzir um contexto educativo que constitua uma inesquecível, desafiadora e confortante vivência de infância.

Essa discussão se faz necessária porque, de modo geral, o que vivemos hoje é uma concepção hegemônica de escola como lugar onde as crianças aprendem apenas aquilo que lhes é ensinado, e o ensinado são os conhecimentos abstratos, disciplinares e acadêmicos. Ora, essa é uma visão simplificada de aprendizagem, pois acreditamos que as crianças e os adultos aprendem ativamente ao longo da vida. Todos os dias aprendemos algo, a partir daquilo que vivemos quando nos ocupamos em dar sentido ao mundo, em compreendê-lo, em implicar-nos com a solução dos problemas, com a alegria de uma nova descoberta, na convivência com os outros, com uma amizade que se aprofunda. Desse modo, a aprendizagem sempre vai muito além daquilo que é "oficialmente" ensinado.

Sendo a aprendizagem construída a partir da vida cotidiana, nossa referência acerca desse conceito implica a oferta de uma instituição pensada para o bem-estar das crianças, com diferentes modos de organização de espaços para a brincadeira, a investigação, a experiência, a expressão e as mais diversas aprendizagens. Por meio de sua organização, o ambiente educa, faz convites, encaminha propostas, estabelece limites e abre novas possibilidades. Segundo Horn (2017), esses espaços devem estar povoados com materiais que desafiam e instigam as crianças para múltiplas e ricas interações, o que torna necessário considerar, *a priori*, a natureza e as características desses materiais para que elas vivam prazerosamente na escola.

Sabemos que o cotidiano da educação infantil envolve muitos momentos: a entrada na escola e/ou na sala de referência, o encontro com professores, outras crianças e demais adultos, a brincadeira, os convites que o educador faz, os percursos realizados individualmente ou em grupo, as culturas produzidas com os colegas, os momentos de encontro com a arte, o movimento, as investigações, a ida ao banheiro, a higiene, as brincadeiras no pátio, a alimentação, enfim, a vivência em todos os momentos que constituem o dia a dia escolar.

A organização desses diferentes momentos é denominada de rotina e entendida, em muitas realidades, como uma sequência de atos ou um conjunto de procedimentos associados que são absolutamente fixos e não devem sair da sua ordem, tendo caráter normatizador e padronizador. As rotinas vêm sendo denunciadas há muito tempo, pois, em geral, privam as singularidades das crianças, engessam as pedagogias e tiram a possibilidade de invenção dos professores. Comportam-se mais como faixas de contenção do que como balizadores de organização social (BARBOSA, 2000).

Nessa perspectiva, estudos indicam que as rotinas se tornam uma "tecnologia de alienação" quando não consideram as crianças e seus ritmos, suas possibilidades de participação, de relação com o mundo, nos modos de realização de atividades, na fruição, na liberdade, na consciência, na imaginação e nas diversas formas de sociabilidade dos sujeitos envolvidos.

Ao contrário, quando uma rotina é pensada a partir de outros preceitos, ela pode ser um importante instrumento de organização da jornada diária, dos planejamentos e das propostas pedagógicas, traduzindo na prática cotidiana os princípios educativos sobre infância e aprendizagem que explicitamos anteriormente. Nesse sentido, defendemos a organização de uma rotina que atenda a socialização das crianças e sua ludicidade, em uma abordagem muito distinta daquela que preconiza a antecipação da escolarização.

Quando enfatizamos a escolarização, discutimos os conteúdos na escola, pensamos em conceitos abstratos, em áreas de conhecimento ou disciplinas. Porém o conhecimento humano tem uma longa história, e seu desenvolvimento ocorre em diferentes momentos a partir dos processos sociais.

A realidade que encontramos em muitas escolas retrata um dia tão programado que impede que as crianças se desenvolvam como seres-sujeitos, agentes de sua vida, situados em um contexto. Acreditamos que um currículo para crianças pequenas precisa estar comprometido com a transmissão cultural das práticas sociais de cada contexto e com sua permanente reconstrução social, elaborada pela interpretação, criação, invenção e reinvenção pelas crianças. A partir do contato com as práticas sociais da sua cultura, elas podem se dirigir a compreensões cada vez mais abstratas, conceituais, universais. As práticas cotidianas é que estruturam o currículo.

Portanto, é com foco na reflexão sobre as práticas sociais a serem cultivadas na escola e sua atenção às ações das crianças e suas demandas que um currículo na educação infantil pode se situar. Esse currículo se constrói no garimpo das pistas que as crianças vão nos apresentando.

As mais novas abordagens acerca da organização curricular têm trazido à tona a valorização do protagonismo das crianças, apostando em um novo currículo, que, consequentemente, nos faz pensar em processo de aprendizagem, em valorização do ambiente como espaço de relações, em investimento na memória, no registro e na documentação para tornar visível a aprendizagem das crianças.

Aldo Fortunati (2014), coordenador da experiência de educação infantil na cidade de San Miniato, na Itália, afirma que uma educação adequada para crianças não previsíveis, ricas, ativas e competentes tem de levar em conta que:

- o contexto físico é algo que sustenta e alimenta o processo de aprendizagem, em vez de ser simples cenário;
- o conhecimento gerado dentro de contextos espaçotemporais específicos representa um ambiente no qual as crianças e os educadores compartilham a vida cotidiana, constroem relacionamentos e experiências, e geram novos saberes e novos conhecimentos;
- o foco nas oportunidades, e não nos resultados, acompanha os educadores na conquista da compreensão mais profunda de como as crianças aprendem, em vez de valorizar o que elas não aprendem.

A partir de sua organização, o ambiente educa, abrindo possibilidades, devendo ser considerados aspectos como:

- mobiliário e equipamento móvel e adequado ao tamanho das crianças;
- ambiente natural de fácil acesso e rico em elementos;
- utilização de paredes, teto e chão como espaços de informação;
- construção de cantos temáticos e esconderijos;
- ambiente desafiador – um pouco além do que as crianças já dominam;
- oportunidade para experiências de explorações e aventuras;

- oferecimento de bem-estar, confiança, relacionamentos e aprendizagem;
- favorecimento simultâneo dos sistemas perceptivos, motores, de comunicação, cognitivos e emocionais;
- possibilidade para a inter-relação com outras crianças, oportunizando a coletividade e a singularidade.

Como já afirmado, podemos constatar que, no âmago dessa concepção curricular, se destacam o fazer e o agir das crianças, e a ideia de experiência é vivida em contínuas e participativas interações dos meninos e das meninas.

Conforme o documento *Campos de experiências: efetivando direitos e aprendizagens na educação infantil*:

> O currículo por campos de experiências defende a necessidade de conduzir o trabalho pedagógico na educação infantil por meio da organização de práticas abertas às iniciativas, desejos e formas próprias de agir da criança que, mediadas pelo professor, constituem contexto rico de aprendizagens significativas. Assim, os campos de experiências apontam para a imersão da criança em situações nas quais ela constrói noções, afetos, habilidades, atitudes e valores, construindo sua identidade. Eles mudam o foco do currículo da perspectiva do professor para a da criança, que empresta um sentido singular às situações que vivencia à medida que efetiva aprendizagens. (BRASIL, 2018b, p. 10).

É a partir desse entendimento que justificamos uma organização curricular baseada nos campos de experiências. Esse termo já vem sendo muito utilizado na experiência italiana, mas no Brasil ele ganhou destaque a partir das Diretrizes Curriculares Nacionais para a Educação Infantil (DCNEIs) e, mais especificamente, da promulgação da Base Nacional Comum Curricular (BNCC).

A BNCC avança na explicitação dos campos de experiências na medida em que os articula aos direitos de aprendizagem, ou seja, conviver, brincar, participar, explorar, expressar e conhecer-se. Segundo Fochi (2016, p. 5),

> O documento da Base Nacional Comum Curricular BNCC do Ministério da Educação (MEC, 2016), que foi discutido amplamente através de reuniões e fóruns em todo território nacional, de parecer de leitores críticos e de contribuições em portal público, sugere os campos de experiências como arranjo curricular para a educação infantil.

COMO PODEMOS CONCEITUAR CAMPOS DE EXPERIÊNCIAS?

O primeiro ponto a destacar é que não podemos confundir os campos de experiências com o que tradicionalmente vem sendo feito a partir de uma organização do currículo por áreas ou disciplinas. Não se trata de dar novo nome à velha forma de fragmentar o conhecimento, ou seja, não é simplesmente uma nova nomenclatura.

Como já apontado, a prática cotidiana desenvolvida por muitas escolas nos mostra uma divisão do ensino por áreas ou componentes disciplinares, afastada da organização do contexto. Ao contrário, entendemos que ela não pode estar desconectada dos componentes curriculares, tais como a organização dos espaços, a escolha dos materiais, o trabalho em pequenos grupos, a gestão do tempo e a documentação pedagógica.

Para organizarmos a escola de educação infantil a partir dos campos de experiências, é preciso reconhecer que as crianças têm em si o desejo de aprender, conhecer, explorar. Em função disso, os educadores devem estar atentos a esse fazer, descobrindo pistas para enriquecer e complexificar suas experiências.

O relato a seguir ilustra essas ideias.

> *Temos muitas garrafas usadas em circulação. Para as crianças da creche, temos hoje uma variedade de garrafas. Cada uma delas cheia de areia, terra, raízes ou pedras, preenchida com água. Imediatamente funciona como um ímã sobre as crianças e os adultos.*
>
> *"É gostoso sentar-se junto com as crianças pequenas e ver diferentes materiais da natureza nas garrafas", diz a sorridente Marlene. Há uma garrafa com água e jornais a flutuar. Certamente o jornal vai se desintegrar. É muito bom esse processo. As crianças começam a colocar pedacinhos de argila dentro. A argila se dissolve lentamente. Trabalhar com argila ao ar livre é maravilhoso. A ceramista japonesa Mayuko dispõe enfileirados vários pedaços de argila, espeta um galho num deles e encontra materiais leves, que podem ser colocados sobre os galhos. Ela pesquisa o peso e a leveza, conceitos fundamentais da escultura. É também o que as crianças da creche fazem. Espetam pauzinhos na argila. Anne sai junto com Amalie em busca*

> *de folhas caídas. Elas amarram as folhas secas nos galhos, que são agitados pela brisa leve. Maria, de 2 anos, espeta argila em várias extremidades de uma vara. Ela a transforma em um cavalo. Boa descoberta. Em seguida, Maria usa a mesma vara para levantamento de peso. O experimento vira uma brincadeira. É exatamente isso que deve ser.*
>
> *Muitas garrafas estão agora na caixa de areia. Mal piscamos os olhos e elas já foram pegas por uma ou outra criança. As garrafas são roladas, agitadas, atiradas, tombadas ou transportadas de um lugar para o outro.*
>
> **Holm (2015, p. 15)**

Essa descrição nos auxilia no entendimento do que é um campo de experiências. Segundo Fochi (2016), a proposição desse modo de organizar o currículo na educação infantil brasileira fortalece a identidade e o compromisso pedagógico, político e social que essa etapa da educação tem com a sociedade, especialmente com os bebês e as crianças pequenas. Isso porque os campos de experiências subvertem a lógica disciplinar e artificial de estruturar o conhecimento e centram-se em uma perspectiva mais complexa de produção de saberes, em que a criança elabora formas de atribuir sentido a si mesma e ao mundo, sustentada

> [...] nas relações, nas interações e em práticas educativas intencionalmente voltadas para as experiências concretas da vida cotidiana, para a aprendizagem plural da cultura, pelo convívio no espaço da vida coletiva e para a produção de narrativas, individuais e coletivas, através de diferentes linguagens. (BRASIL, 2009a, documento *on-line*).

No relato de Holm (2015), legitimamos essa afirmação, na medida em que as crianças evidenciam terem caminhos próprios para resolver problemas e encontrar soluções, "devido à sua atitude substancial de se lançar, movida[s] pela curiosidade e pela fantasia" (RIMONDI, 2003, p. 39).

Uma vez que parece impossível falar dos campos de experiências separadamente de uma concepção mais ampla de educação, é interessante apontar as ideias propostas por Bondioli e Mantovani (1998 *apud* FOCHI, 2015) quando discutem sobre a "didática do fazer". Segundo as autoras, tal didática não é aquela

> [...] "por meio das quais se incentivam particulares aprendizagens", mas a que busca aprofundar os tipos de experiências que as crianças vivem diariamente e que são "a base das experiências até aqui conduzidas, [...] (a manipulação, o rabisco, os transformismos, o contar histórias, as atividades motoras, o comentário de figuras)" e, ao mesmo tempo, "tenta-se identificar situações inéditas que possam incentivar nas crianças a exploração e transformação do ambiente". (BONDIOLI; MANTOVANI, 1998, p. 31 *apud* FOCHI, 2015, p. 223).

Também sobre isso, Fochi (2016) esclarece que, quando organizamos o trabalho pedagógico a partir dos campos de experiências, estamos atendendo a uma importante demanda da educação infantil que é a de dar sentido à variedade de experiências que as crianças experimentam na escola (ZUCCOLI, 2015). Isso porque o trabalho com campos de experiências

> [...] consiste em colocar no centro do projeto educativo o fazer e o agir das crianças [...] e compreender uma ideia de currículo na escola de educação infantil como um contexto fortemente educativo, que estimula a criança a dar significado, reorganizar e representar a própria experiência. (FOCHI, 2015, p. 221–228).

Entendendo que o currículo se organiza em torno dos campos de experiências, duas perguntas são necessárias: como esse currículo se concretiza nos espaços externos? Como as professoras podem realizar intervenções nesses espaços para que experiências significativas ocorram?

A seguir apresentamos sucintamente os campos de experiências descritos na BNCC, neles encontramos um mapa que nos sugere a importância de que bebês e crianças pequenas tenham contato com uma diversidade de possibilidade de experiência. Cada campo de experiência oferece um elenco de materiais, de ferramentas, de experiências culturais, de objetos, de imagens que constitui ou oportuniza a variabilidade das experiências infantis, assim como sua permanência possibilita a qualificação da experiência. Os campos de experiência oferecem um mapa ao professor, mas são as crianças em suas ações que constituem seu território.

O eu, o outro e o nós

Esse campo de experiência se legitima no entendimento de que é na interação com os pares e com os adultos que as crianças vão constituindo uma forma própria de agir, sentir e pensar e, ao mesmo tempo, vão percebendo que existem outros modos de vida e que outras pessoas pensam e agem de modo diferente delas. Esse campo considera também o acolhimento e o tratamento que a criança recebe na instituição, que se explicitam nas atividades que cotidianamente ela realiza, enfatizando-se, portanto, as atitudes que vivencia nos diferentes momentos de seu dia a dia na escola infantil.

Corpo, gesto e movimento

Sabemos o quanto as crianças pequenas necessitam movimentar-se e atuar corporalmente para conhecer e explorar os objetos. Na primeira infância, o corpo é o instrumento expressivo e comunicativo que dá sustentação para o desenvolvimento emocional e mental, constituindo-se como elemento fundamental na construção de afetos e conhecimentos. É nessa movimentação corporal que as crianças interagem e se comunicam com seus pares. Assim, é muito importante propiciarmos a elas experiências ricas e diversificadas, em que gestos, mímicas, posturas e movimentos expressivos constituem uma linguagem, bem como oportunizarmos o contato com diferentes parceiros, materiais e espaços, que permitam a elas investigar as possibilidades de movimento que eles oferecem.

Traços, sons, cores e formas

Todas as crianças imersas em ambientes acolhedores obtêm respostas a sua curiosidade, característica muito pertinente a elas. Nesse campo de experiências, a ênfase recai sobre as ações voltadas para os modos de se expressar das crianças: desenho, pintura, escultura, entre outras artes visuais, música, teatro e literatura. Nesse contexto, o professor deve garantir oportunidades para vivenciar a pesquisa e a experimentação, que traduzirão sua expressão artística.

Escuta, fala, pensamento e imaginação

A ênfase nesse campo de experiências é nas vivências com a linguagem oral na interlocução com as demais linguagens, no intuito de ampliar não somente a linguagem, como também o pensamento. Conforme a criança amplia suas interações com pessoas e objetos, sua capacidade de representação também se constitui. Portanto, é papel da educação infantil favorecer oportunidades para brincar com as linguagens oral e escrita, ampliando os conhecimentos a respeito delas, bem como estimular a formulação de hipóteses acerca dessas formas de expressão.

Espaço, tempo, quantidades, relações e transformações

Esse campo de experiências foca as atividades exploratórias que as crianças realizam na interação com os companheiros, com a professora e com o mundo que as rodeia, estabelecendo relações de tempo, espaço, quantidades e transformações. Por meio da observação, vão percebendo as características, as diferenças, as regularidades dos fenômenos, dando respostas próprias para explicá-los. Nesse processo, o professor assume o papel de mediador, fazendo perguntas instigantes e oferecendo meios para buscar mais informações a fim de que possam reformular suas ideias iniciais.

Considerando os campos de experiências citados, vamos responder às indagações apresentadas anteriormente a partir do relato a seguir:

> *Arrastamos as caixas de papelão, ao redor dos bancos feitos com troncos de árvores, lugar onde muitas vezes no inverno acendemos fogueiras. O lugar é rodeado de árvores e arbustos. No chão, terra e grama. As crianças estão empolgadíssimas, cheias de ideias. Mickel dirige o carro de capô comprido que ele mesmo constrói. Outras crianças começam a pintar com aquarela. Eu lhes mostro o truque de prender o pincel com fita adesiva a um longo galho que encontramos no chão. Os pincéis de repente estão todos modificados, e é muito mais divertido de se pintar com eles. A ideia evolui: podemos pintar no fundo da caixa. O longo pincel alcança longe.*
>
> *Laura e Mira estão juntas em uma grande caixa. Elas construíram uma pintura esconderijo.*
>
> *Maria pula em uma pequena caixa. Ela se valeu das possibilidades motoras que o corpo nos oferece. É desafiador. Uma outra menina se fecha em uma caixa, onde estão alguns pequenos buracos que servem para ventilação. Enquanto Maria está aí dentro, os outros pintam o lado de fora. É uma superatividade. As meninas se revezam dentro da caixa, eles vão todos juntos, arrastando-se pelo chão. Isso é arte corporal...*
>
> *Holm (2015, p. 20)*

Analisando didaticamente esse relato, podemos destacar alguns pontos relevantes, que vêm ao encontro do que seja a vivência de uma experiência em uma área externa.

A escolha do local: a professora escolhe um local onde as crianças já viveram experiências prazerosas, como acender fogueiras, rodeado de natureza, onde prevalecem arbustos, grama, terra; um local que as acolhe.

O tempo da experiência: é dada às crianças a oportunidade de explorar os materiais "sem pressa", na medida em que cada uma explora-os de forma diferente. Enquanto umas pulam, outras entram dentro das caixas, outras, ainda, pintam, cada uma no seu ritmo.

A organização do material: o material selecionado, como caixas, tintas, fita adesiva, cordões, não impõe qualquer diretividade sobre o que as crianças vão realizar com ele, nem prevê resultados. Essa seleção, ao contrário, vem ao encontro de características importantes do trabalho com os campos de experiências, ou seja, colocar em relação tanto os saberes das crianças como os dos adultos, bem como a não diretividade. É importante não confundirmos diretividade com planejamento e organização. Ou seja, há intencionalidade da professora, que não coloca aleatoriamente os materiais, mas prevê quais são aqueles que desafiam as crianças, considerando faixa etária, características do grupo, entre outros fatores.

As interações entre crianças, e entre elas e os materiais: as interações evidenciadas retratam toda a imprevisibilidade do que as crianças poderão realizar, sem a expectativa de um único resultado pela professora, como já apontado anteriormente. Observamos também que elas vão se organizando em duplas, em grupos maiores, para a consecução de objetivos comuns. É muito comum as crianças, principalmente dessa faixa etária, iniciarem a atividade sozinhas para, em seguida, terem a companhia de seus pares, formando pequenos grupos.

O fazer e o agir das crianças: o contexto organizado pela professora propicia o fazer e o agir das crianças, desafiadas pelos próprios materiais e pelas interações entre elas. A autonomia na busca pelos materiais e pelos companheiros de "trabalho" legitima esse fazer e esse agir.

O caráter lúdico e contínuo das experiências: a ludicidade é uma característica predominante no fazer das crianças e se constitui em importante estratégia de aprendizagem nessa faixa etária. Segundo Vigotski (1984), o comportamento das crianças pequenas é fortemente determinado pelas características das situações reais em que se encontram. Assim, nas situações imaginárias que a criança vive, como a do faz de conta, ela é levada a agir no âmbito da zona de desenvolvimento proximal, na medida em que se comporta de maneira sempre mais avançada que na vida real.[1] Nesse processo, a brincadeira aparece como um importante promotor de desenvolvimento, constituindo-se em atividade na qual a criança aprende a atuar em uma esfera cognitiva que depende de motivações internas.

As intervenções e proposições da professora: são realizadas sempre na intenção de respeitar e acolher as experiências que as crianças realizam, colocando no âmago do processo o seu fazer e o seu interagir. Ela faz isso por meio do olhar atento, de indagações, de afirmações ou mesmo da introdução de objetos que possam auxiliar a criança na realização da atividade.

Podemos ainda considerar que esse relato contempla os três princípios que articulam uma possível organização do currículo, segundo Bondioli e Mantovani (1998 *apud* FOCHI, 2016):

- A ludicidade como maneira peculiar de as crianças descobrirem e construírem sentido. Nessa faixa etária, a brincadeira é a estratégia de aprendizagem mais significativa.
- A continuidade, pois, como a realidade da criança é ainda bastante fragmentada, marcada pelo aqui e agora, a possibilidade de continuidade garante o crescimento e a qualidade das suas experiências.
- A significatividade, dado que a produção do significado é vista como experiência do sujeito, e não como transmissão.

Temos a clareza de que a organização curricular da educação infantil em torno dos campos de experiências prevê situações de aprendizagem em todas as dependências da instituição. O destaque aos espaços externos se atém a duas razões: as necessidades das crianças de movimento, de exploração da natureza e de vivências coletivas e a pouca importância dada a isso em muitas realidades do nosso país, onde ainda vige a ideia de que dentro da escola aprendemos e fora gastamos energia.

A seguir, apontamos uma experiência exitosa sobre a vivência de campos de experiências nos espaços externos.

---

[1] Zona de desenvolvimento proximal é um conceito vigotskiano que define aquelas funções que ainda não amadureceram, mas que estão em processo de maturação; funções que amadurecerão, mas que presentemente estão em processo embrionário.

Relato de experiência

Brincar e interagir na natureza: um quintal chamado Cantinho Feliz[2]

Larissa Kovalski Kautzmann[3]

*Quando a chuva tá menorzinha,
dá pra brincar lá fora.*

(Mateus, 4 anos)

Mateus já sabe, assim como as outras crianças da sua turma, que dá para brincar lá fora, no quintal da escola, até nos dias de chuva. Mas não com qualquer chuva, a chuva tem de ser "menorzinha". Esse saber de Mateus se constrói cotidianamente, pelas oportunidades que ele e as outras crianças têm de estar na área externa em dias de sol, dias nublados, dias com garoa e, também, em dias de pouca chuva. Isso é possível porque há capas, galochas e guarda-chuvas disponíveis para as crianças. E, é claro, professores dispostos a compartilhar com elas as chuvas "menorzinhas". Mas nem sempre foi assim. Houve uma época em que as crianças só podiam brincar nas áreas externas da escola se estivesse tudo seco e o tempo estivesse firme.

Foi em 2014 que a equipe de profissionais da instituição começou a refletir mais sistematicamente sobre formas de habitar os espaços externos para além de brincadeiras no parque em dias de sol. Assumir a organização de um quintal para brincar e interagir foi um processo mobilizado por estudos sobre a importância de a criança ter contato com a natureza e pelo aprimoramento de um olhar de respeito sobre a vivência da infância nesse contexto de vida coletiva da educação infantil.

---

[2] Centro de Educação Infantil Cantinho Feliz da Irmã Clementina, em Curitiba.
[3] Mestra em Educação, pedagoga, assessora e consultora pedagógica em educação infantil.

Abrindo as portas da escola infantil

FIGURA 3.1 Experiências com a chuva.
Fonte: Acervo da professora Larissa Kovalski Kautzmann.

Na época, a equipe estudava o texto "Crianças da natureza"[4], de Léa Tiriba, e começava corajosamente a olhar para a organização de espaços e tempos cotidianos e a se questionar sobre as relações de aproximação com a natureza que eram promovidas na instituição. Desses estudos emergiram várias questões: como formar seres humanos que se relacionem de forma mais equilibrada e respeitosa com a mãe Terra? Como promover, desde o nascimento, um sentimento de apreço pela natureza se na nossa cultura as crianças nascem, vão para a escola infantil, na maioria das vezes, até os 2 anos, pouco têm contato com os espaços naturais e, depois dessa idade, começam a frequentar espaços externos que pouco têm de natureza e/ou pouco têm de intencionalidade de aproximação harmoniosa com esses elementos?

Tiriba (2010), a partir de autores do campo da psicologia ambiental, escreve que as crianças têm uma tendência a se relacionar com a natureza, uma espécie de afeição pelas coisas vivas, a qual se nomeia como biofilia. Promover a biofilia significa ampliar o contato das crianças com terra, areia, barro, sol, ar, água, plantas e pequenos animais. Significa ter intencionalidade e planejar tempo, espaço e elementos para promover esses contatos.

Cabe referir que a instituição sempre teve um grande espaço externo, com grama, terra e diferentes árvores frutíferas. Esses espaços, no entanto, quase não eram usados pelas crianças. O primeiro diagnóstico realizado pela equipe de profissionais foi o de que elas saíam pouco tempo para o espaço externo, somente para brincar no parque e realizar propostas orientadas, como cantigas de roda ou jogos corporais. Cada turma tinha um horário determinado, e havia grande controle para que não se sujassem. Caso o tempo não estivesse favorável, o momento era cancelado. Em um dos encontros de estudo, uma professora relatou que uma criança lhe fez a seguinte pergunta: "Por que não podemos ir lá fora quando está molhado?" (João Gabriel, 5 anos).

---

[4] Texto da consulta pública do MEC sobre Orientações Curriculares para a Educação Infantil.

Professora, coordenação e direção, provocadas pela fala de João Gabriel, começaram a pensar o porquê de as crianças não poderem ir para o lado de fora quando estava molhado. E concluíram com espanto que não havia motivo. O que havia era a naturalização de um hábito construído em um tempo distante, por famílias e instituição, e, também, a falta de compreensão acerca desses momentos como valiosas oportunidades de aprender sobre a natureza e seus fenômenos – nesse caso, sobre a chuva e suas repercussões: poças de água e suas cores, folhas que gotejam, bichinhos que se escondem.

Diante dessas constatações, a equipe percebeu que talvez não estivesse oportunizando às crianças relações de aproximação com a natureza e sim de afastamento. Logo, era urgente desemparedar os pequenos!

Foi quando começou a nascer um planejamento que queria escutar, de fato, as crianças. A equipe de profissionais se desafiou a transcender um cotidiano que não contemplava a potência de estar do lado de fora. Os professores buscaram outras referências teóricas, leram e assistiram a vídeos sobre os *kindergartens* e a Casa Redonda, assistiram aos documentários do Território do Brincar. Retomaram suas memórias de infância, trocaram ideias, risadas e preocupações. Planejaram ações para transformar o espaço externo em um grande quintal de brincadeiras e interações.

As primeiras ações envolveram limpeza do pomar, revitalização de canteiros, reorganização dos horários das turmas (considerando o aumento do tempo e a integração entre diferentes idades), compra de acessórios (galochas e capas de chuva), e reuniões com as famílias para conversar sobre crianças e natureza.

Além de garantir condições para o brincar livre, as professoras também começaram a organizar projetos com as crianças. Um deles foi "Com que roupa eu vou" (MILIORANÇA; MILIORANÇA; ROCHA, 2015), desenvolvido com o grupo de crianças de 3 e 4 anos com o objetivo de observar as condições do tempo e decidir a melhor roupa para ir ao quintal da escola.

Todos esses momentos, brincadeiras livres e projetos passaram a ser registrados pela equipe de profissionais por meio de fotografias, gravações em vídeo e transcrição de falas das crianças. Posteriormente, esses registros foram analisados pela equipe em grupos de estudos e transformados em murais e mini-histórias, com a intenção de visibilizar as relações entre crianças e crianças, crianças e adultos, e crianças e natureza. Essas ações foram contagiando a todos, inclusive professores e famílias mais resistentes. Afinal, não havia como negar a alegria, o maravilhamento e as inúmeras aprendizagens sobre si mesmo, sobre os outros e sobre a natureza que estavam acontecendo.

Aos poucos o quintal foi sendo ocupado de diferentes formas por todos da instituição.

O grande objetivo de habitar o lado de fora estava relacionado a constituir um espaço de pertencimento de todos, em que bebês, crianças, profissionais e famílias pudessem usufruir de tempos, compartilhar saberes, construir trajetórias e memórias. Um espaço de acolhimento das diferentes linguagens de adultos e crianças, de circulação de histórias e brincadeiras, de pesquisas e criação. Um espaço de encontro, em que também se aprende que quando alguém se machuca precisa de um abraço, e às vezes de um curativo, mas que isso passa.

Comer fruta no pé, descobrir de onde vem a banana, admirar-se com as cores da jabuticaba, entender que há frutas que precisam ser descascadas, que não dá para comer a pimenta do pé, que o café preto que tomamos vem de uma frutinha vermelha: é essa cotidianidade que vai costurando os enredos de vida dessa coletividade. A consolidação do quintal como espaço de convivência nasceu da vontade de criar um lugar que tivesse um jeito próprio de viver a infância. É o que a instituição Cantinho Feliz conseguiu e segue fazendo.

FIGURA 3.2 Povoando nosso quintal com diferentes objetos.
Fonte: Acervo da professora Larissa Kovalski Kautzmann.

4 Construindo espaços para brincadeiras ao ar livre

Para além do que já foi tratado nos capítulos anteriores, é importante ressaltar o quanto os espaços externos podem oferecer às crianças acolhimento no que diz respeito tanto a suas atividades motoras mais expansivas quanto às de recolhimento e privacidade. Neste capítulo, a partir de algumas concepções teóricas, vamos apontar sugestões para a organização dos espaços externos, bem como de materiais que podem ser colocados à disposição das crianças.

Acreditamos na premissa de que é possível combinar elementos naturais com as estruturas dos parquinhos que geralmente se encontram nos pátios das escolas infantis, tais como escorregador, balanços, gangorra, de modo a contemplar todas as preferências das crianças.

Segundo Hadadd e Horn (2013), uma ideia muito compartilhada é a de que as crianças precisam gastar energia acumulada e de que a área externa é propícia para isso. Com muita probabilidade, a presença de um momento de recreação como um intervalo entre atividades, em que a criança deve brincar livremente no parque como forma de gastar energia, influenciou os padrões arquitetônicos das áreas externas da educação infantil, com amplos espaços vazios, muitas vezes cimentados. Com raras exceções, essas áreas contemplam a presença de elementos naturais e áreas diversificadas.

Sabemos que está no cerne da concepção da educação infantil o contato com os espaços ao ar livre. Além disso, o contexto contemporâneo de crianças morando em apartamentos, onde as brincadeiras nas calçadas não têm sido possíveis, provoca a escola infantil a pensar em seu papel na partilha da educação da família, em sua ação complementar, alternativa, aquela que compete a ela oferecer.

A ação docente na educação infantil caracteriza-se por sua sutileza, sua informalidade na ação, pois, apesar de ser muito pensada e planejada, deve explicitar-se como um convite, como uma possibilidade, e não uma exigência e um direcionamento constante para com as crianças. Uma das grandes tarefas dos professores nessa ação indireta é constituir um ambiente material e relacional que ofereça e enriqueça as possibilidades do brincar. Um ambiente pleno de materiais, brinquedos e experiências de brincadeiras enriquece a constituição subjetiva e intersubjetiva das crianças.

Organizar a si e ao mundo a sua volta são tarefas indissociáveis. Um ambiente organizado, o que não significa plenamente arrumado na lógica adulta, facilita a auto-organização pessoal das crianças e possibilita o desenvolvimento social. Assim, elas aprendem a brincar com regras, com limites, não com base no temor, mas pela própria experiência da brincadeira. Um adulto presente, disponível, compreensivo, que dialoga, encoraja, desafia, tranquiliza, mas não coordena a atividade integralmente, cria o contexto para a ação das crianças, que, por compartilharem um espaço organizado, aprendem a organizar-se.

A ação pedagógica do adulto, como diz Staccioli (2013, p. 43), caracteriza-se por acolher a criança.

> Trata-se de um acolhimento que acompanha e não abandona a criança. O adulto torna-se cada vez mais exigente ("conforme a criança adquiria competência, a mãe se tornava mais exigente"), mas trata-se de uma exigência – refinada pela capacidade de escuta – que é, também, proximidade, compreensão e coparticipação. Uma atitude acolhedora é, portanto, mais do que apenas ficar ao lado.

Também sabemos que muitas crianças imaginam e criam histórias em florestas, mares e jardins, ou seja, em espaços externos.

Um importante texto da literatura infantojuvenil chamado *O jardim secreto* – uma linda história sobre uma família, o jardim e seus segredos – ilustra essa afirmação. Seja ele um jardim natural ou artificial, dentro ou fora de casa; um pequeno lugar onde se situa um "museu" pessoal, objetos de afeto e pequenas lembranças. A diferença de um "jardim secreto", dentro ou fora de casa, pode ser sintetizada, de acordo com Staccioli (2013, p. 10), pela ideia de que: "Para as crianças qualquer espaço exterior é um lugar cheio de segredos, pois a natureza oferece muitos atrativos e os adultos não estão interferindo continuamente".

Os momentos em que as crianças estão junto à natureza, no pátio de sua escola, são especificamente aqueles em que

> Não há uma programação rígida na relação entre o jardim e as crianças; não há uma previsão dos efeitos. Nos jardins dos segredos, os acontecimentos escapam da ideia – tão arraigada – de previsão e de controle. Os jardins dos segredos são sempre curiosamente inovadores. (STACCIOLI, 2013, p. 11).

É o momento em que o movimento, as imagens, as sonoridades, as curiosidades são autoguiadas. As crianças seguem ao mundo, e não aos adultos. Assumem suas ações autônomas, individuais ou de grupo. Criam mundos e histórias, brincam, pensam, fazem, desfazem.

Como falamos anteriormente, é um dever educativo urgente desenvolvermos escolas com espaços amplos, que permitam o movimento, pois não podemos criar uma geração de crianças sedentárias, com medo de insetos, que não querem sujar-se ou suar. Vivemos em um país tropical, o que exige de todos não fugir de uma relação com a natureza circundante, mas aprender a conviver com ela.

Muitas crianças pequenas têm sido diagnosticadas e medicadas, algumas vezes de maneira precoce e inadequada, como tendo transtorno de déficit de atenção/hiperatividade (TDAH). Ora, as crianças se movem e precisam mover-se para aprender com o seu corpo, com sua experiência empírica, tanto a realizar movimentos mais elaborados quanto a constituir destreza corporal. Os deslocamentos na escola de educação infantil devem ser previstos e desejados, eles são parte do ato educativo com crianças pequenas.

O pátio é o hábitat do jogo livre, lugar de encontro com a vida social, com o mundo da natureza e com as manifestações culturais, esportivas, musicais... Estas são as palavras geradoras de um bom espaço natural para as crianças pequenas:

> SOL – AR – LUZ – CHUVA – PLANTAS –
> TERRA – ANIMAIS – PEDRAS – AREIA – BARRO –
> GALHOS – FLORES – FRUTAS – VENTO – SOMBRA

QUALIFICANDO AS INTERAÇÕES DAS CRIANÇAS COM A NATUREZA

Para além das vivências exploratórias e de imaginação nos espaços naturais, também podemos pensar nos modos de qualificar essas interações das crianças com a natureza, bem como em maneiras de torná-las momentos de prazerosas aprendizagens. Via de regra existe uma preocupação recorrente das professoras no que se refere à utilização, à organização e à disponibilização de materiais nas áreas externas, o que gera muitas dúvidas. No intuito de responder a tais questionamentos, lançamos mão de algumas perguntas.

Como podemos organizar os espaços externos a partir do entendimento de que brincando e interagindo as crianças aprendem?

A organização dos espaços externos inclui, necessariamente, o planejamento de áreas para diferentes experiências, como já destacado anteriormente. Podemos considerar que nos espaços externos acontecem não somente brincadeiras motoras e de amplos movimentos, como correr, saltar, subir em árvores ou andar de balanço ou de escorregador, mas também se pode sentar embaixo de uma árvore, esconder-se em um esconderijo da cerca, brincar de casinha, entre outras experiências que envolvem menos movimentação.

Maria Antônia Jaume (2004) destaca, entre essas necessidades, aquelas que dizem respeito a afetividade, autonomia, movimento, socialização, descoberta, exploração e conhecimento. Especialmente na área externa, essas necessidades podem ser contempladas com especial atenção. Um dos princípios a considerar para essa organização é o de criar ordem e flexibilidade no ambiente físico, proporcionando conforto e segurança a crianças e adultos. Não existem regras nem receitas para pensarmos nesse espaço, mas considerar algumas ideias pode nortear a organização.

Podemos pensar em espaços para repouso/movimento, para segurança/aventura, para imitação/criação, para ficção/realidade e locais para privacidade e socialização, bem como áreas com diferentes materiais naturais para serem manuseados pelas crianças. Além disso, é igualmente importante pensar em espaços com uma variedade de pisos/chão, locais de sombra e sol. Essa diversidade de opções propicia, tal como nos espaços internos, a construção da autonomia moral e intelectual das crianças.

Não podemos esquecer que deve haver uma conexão entre essas diferentes áreas, o que pode ser feito por meio de caminhos que formam uma rede, o que é, em si, um componente espacial relevante. Isso é importante porque estimula o movimento entre os espaços, a circulação dos materiais por diferentes ambientes, possibilitando momentos de privacidade para as crianças. Essas "estradas" podem ser construídas por pedras de diferentes tamanhos, por tocos de madeira, por serragem, entre outros materiais. É importante lembrar que um plantio planejado de árvores e arbustos pode formar alamedas, ou mesmo túneis verdes, o que também facilita essa conexão. Quanto mais natural for o ambiente, melhor.

A Figura 4.1 apresenta algumas sugestões de organização dos espaços externos.

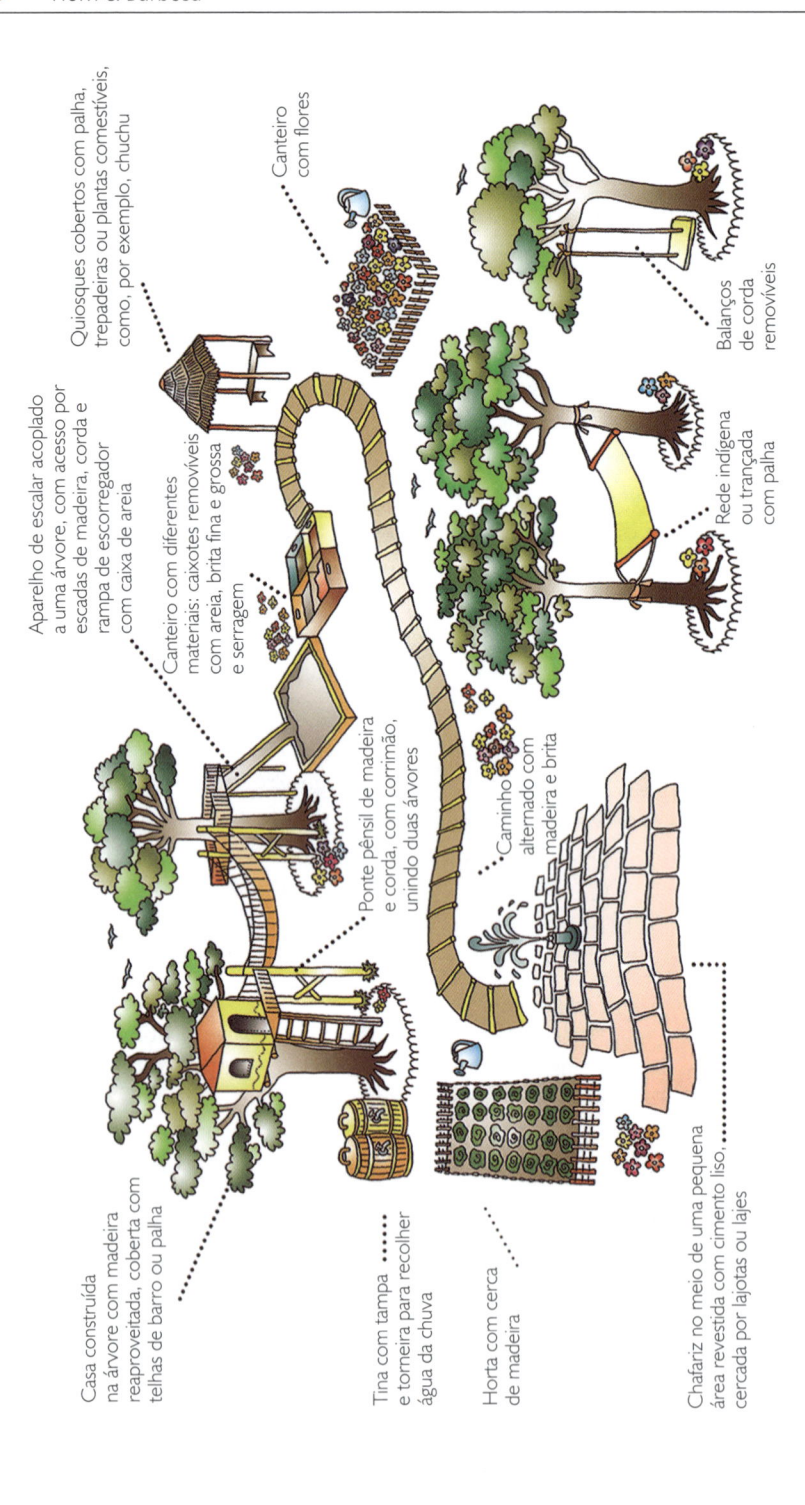

Quiosques cobertos com palha, trepadeiras ou plantas comestíveis, como, por exemplo, chuchu

Canteiro com flores

Balanços de corda removíveis

Aparelho de escalar acoplado a uma árvore, com acesso por escadas de madeira, corda e rampa de escorregador com caixa de areia

Rede indígena ou trançada com palha

Canteiro com diferentes materiais: caixotes removíveis com areia, brita fina e grossa e serragem

Ponte pênsil de madeira e corda, com corrimão, unindo duas árvores

Caminho alternado com madeira e brita

Casa construída na árvore com madeira reaproveitada, coberta com telhas de barro ou palha

Tina com tampa e torneira para recolher água da chuva

Horta com cerca de madeira

Chafariz no meio de uma pequena área revestida com cimento liso, cercada por lajotas ou lajes

Abrindo as portas da escola infantil 91

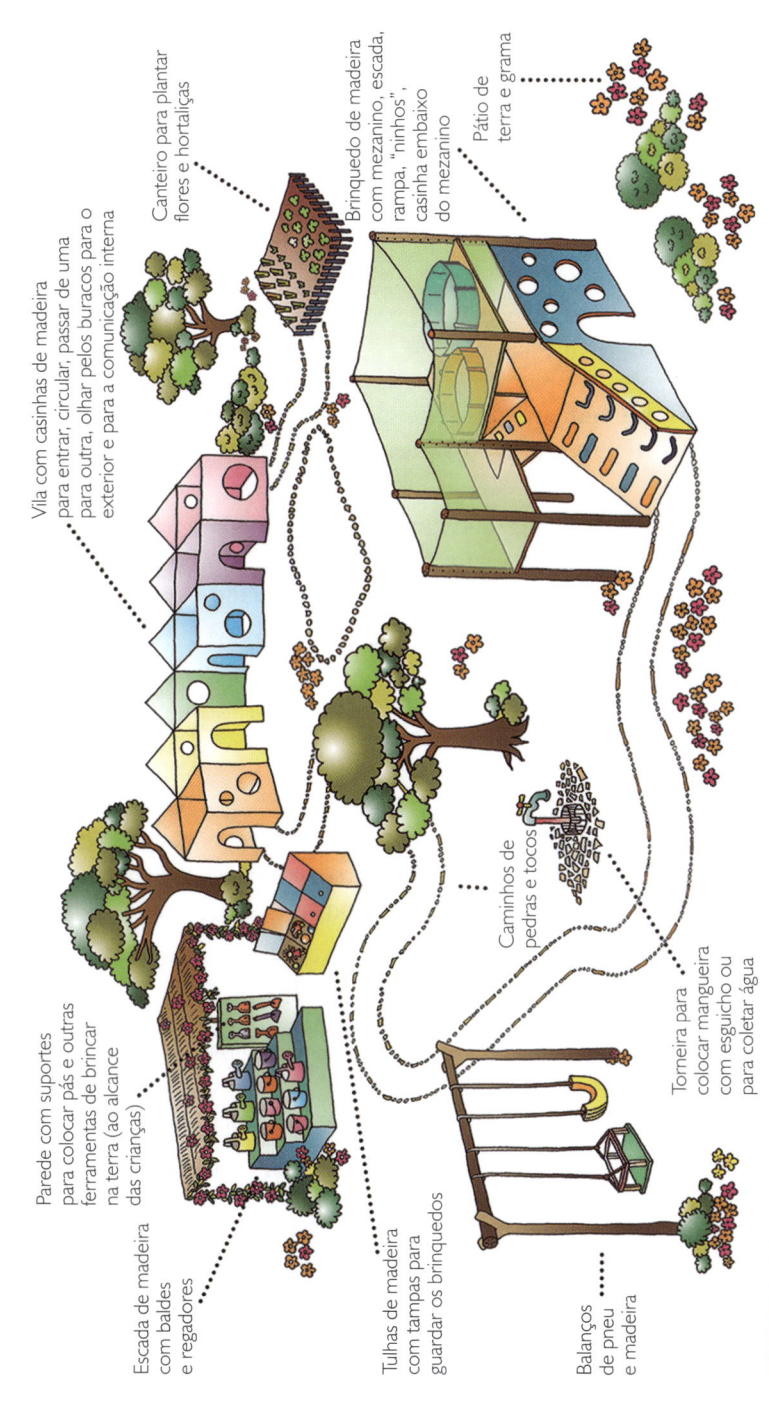

Vila com casinhas de madeira para entrar, circular, passar de uma para outra, olhar pelos buracos para o exterior e para a comunicação interna

Canteiro para plantar flores e hortaliças

Brinquedo de madeira com mezanino, escada, rampa, "ninhos", casinha embaixo do mezanino

Pátio de terra e grama

Parede com suportes para colocar pás e outras ferramentas de brincar na terra (ao alcance das crianças)

Escada de madeira com baldes e regadores

Tulhas de madeira com tampas para guardar os brinquedos

Caminhos de pedras e tocos

Torneira para colocar mangueira com esguicho ou para coletar água

Balanços de pneu e madeira

FIGURA 4.1 Exemplos de possível organização de espaços externos.
Fonte: Cunha (2010, 2011, p. 24-25).

Que tipo de materiais e brinquedos podemos colocar à disposição das crianças nessas áreas?

A seleção, classificação e disponibilização dos brinquedos e materiais exige do professor um criterioso trabalho de observação, de escuta, de coleta e de pesquisa sobre o que escolher e onde colocar, tanto nos espaços internos como nos externos, a fim de atender às especificidades das diferentes faixas etárias, pois nem todos os espaços são adequados a todas as idades. Alguns princípios podem nortear essa seleção:

- garantir um número suficiente de brinquedos e materiais (a quantidade de objetos deve possibilitar a interação individual e também a promoção de brincadeiras em grupo);
- selecionar brinquedos e materiais que respondam à ação das crianças de múltiplas formas (quanto mais transformações puder sofrer pela ação da criança, mais atraente e adequado é o objeto);
- dotar os espaços de faz de conta de objetos que suscitem e ampliem os enredos imaginados pelas crianças (quando colocamos, por exemplo, uma maleta de médico em um canto da casa, certamente "alguém" precisará de cuidados médicos).

Os educadores devem ofertar diferentes materiais e brinquedos apoiados nas observações feitas no seu grupo de crianças, considerando, entre outros fatores, os relacionados à cultura e ao entorno natural das diferentes regiões. No entanto, a par disso, podemos indicar alguns materiais.

Na obra *Desemparedamento da infância* (BARROS, 2018), são sugeridos os seguintes:

Brinquedos de madeira: tacos, troncos, pedaços de tábuas, cubos, materiais que apresentam peso, textura, durabilidade, vestígios do tempo e aroma diferenciados, se comparados aos brinquedos de plástico.

Utensílios de cozinha de louça, madeira ou metal: panelas, chaleira, colheres de pau, talheres, etc., ajudam as crianças a conhecer a materialidade original e acionam a imitação do mundo real, por meio da brincadeira, com mais inteireza e profundidade.

Materiais não estruturados: restos de madeiras (toquinhos, tábuas, tocos maiores), tecidos, cascas, sementes, pedras, palha, conchas, cordas, arames, etc., favorecem o potencial criativo das crianças. Brincar com "partes soltas" é um convite a um mundo de possibilidades, que ampliam o repertório e a imprevisibilidade das narrativas e experiências, expandindo a autoria do fazer e do aprender.

Elementos naturais: terra, areia, ar, água, barro e fogo. Esses elementos trazem, cada um deles, uma mensagem diferente e especial para as crianças. Permitir que elas interajam com esse tipo de material implica perder o medo de que adoeçam ou se machuquem. A escola precisa oferecer experiências inusitadas para elas. Por exemplo, participar da construção de uma fogueira é uma experiência rara para muitas crianças que vivem em espaços urbanos. Esse afastamento do contato com os diferentes elementos da natureza (água, terra, fogo) empobrece as experiências pertinentes a essa faixa etária. Podemos, junto com as crianças, assar alimentos em uma fogueira, queimar objetos de barro feitos por elas em forno, plantar, construir cabanas, brincar com mangueira e baldes, cavar túneis em um tanque de areia, etc.

Ferramentas: as crianças têm muito interesse e atração por tudo que é de verdade. Causa frustração e impotência manusear ferramentas "de mentirinha", feitas de plástico. Devagar, sob supervisão dos adultos, é possível introduzir gradualmente as crianças no manuseio de ferramentas simples, como martelo, chave de fenda e serra, ampliando o alcance do seu fazer e satisfazendo seu desejo de replicar o mundo dos adultos, construindo objetos que elas mesmas escolhem.

Além dos citados, também sugerimos:

Elementos artificiais: em um mundo onde a reutilização de materiais é fundamental, consideramos importante oferecer materiais de descarte industrial. Suas cores, seus formatos, sua densidade podem sugerir brincadeiras, construções e transformações – fios de luz, prendedores, argolas, plástico bolha, rolos, copos, caixas, molas, pregos, entre outros

Brinquedos: os brinquedos, as roupas, os adereços potencializam as construções de jogo simbólico. Alguns brinquedos sugerem brincadeiras, outros possibilitam a construção de mundos sonhados. Além de objetos para brincar, ter no ambiente externo tapetes, cortinas, caixas de madeira é fundamental para a construção de espaços de brincadeiras pelas próprias crianças.

Esses diferentes materiais disponibilizados às crianças fazem o espaço externo se constituir em local ideal para que realizem jogos de construção com diferentes objetos, sendo sua característica primordial a possibilidade de oferecer a elas múltiplas respostas ante suas ações. Não sabemos o que poderão construir com eles, portanto não existe um objetivo final previsto de antemão. Podemos apresentar os materiais de diferentes modos, em caixas transparentes, em cestos, sobre pequenos tapetes ou mesmo esteiras de palha.

Desafiadas pelos materiais, elas naturalmente se agrupam, interagem e, em conjunto, fazem construções.

Como podemos planejar espaços para jogos de construção no pátio?

A preparação dos contextos de experiências a serem realizadas nas áreas externas requer cuidados tanto em relação aos materiais que disponibilizamos e aos locais selecionados como no que se refere às possibilidades de intervenções que as crianças poderão realizar. Isso não implica prever resultados, mas possibilitar desafios a elas. Nas mãos das crianças, os materiais se transformam, perdem seu uso original. Ora são torres de um castelo, ora edifícios de uma grande cidade, ora transformam-se em uma ponte ou em um túnel. Segundo Vea Vecchi (2013, p. 139):

> Quando têm oportunidade, as crianças nem sempre usam os espaços exatamente de acordo com os propósitos preconcebido pelos adultos que os equiparam; em outras palavras, as crianças não pulam somente na área de movimento, elas não brincam de casinha somente no cantinho que representa o lar, e assim por diante. Elas são nômades da imaginação e ótimas manipuladoras do espaço: elas amam construir, mover e inventar situações.

Reafirmamos que um ponto importante a considerar é que, desafiadas pelos materiais, as crianças naturalmente se agrupam. Muitas vezes, em um primeiro momento, iniciam a atividade sozinhas, para logo em seguida terem a companhia de outras crianças. Na realidade elas buscam relações umas com as outras de forma incessante.

Segundo Alejandra Dubovik e Alejandra Cippitelli, (2018), no pequeno grupo podemos identificar diferentes processos pelos quais as crianças passam quando realizam atividades de construção com os diversos materiais. Esses processos podem orientar os professores no planejamento das experiências. São eles:

- **A observação:** limita-se às propriedades que podem ser percebidas por meio da visão e do tato.
- **A exploração:** permite a busca de características usuais e regulares, possibilitando ao mesmo tempo diferentes modos na sua utilização.
- **A manipulação:** permite à criança colocar-se em contato com os materiais próprios para suas criações originais.
- **A seleção:** permite a classificação de materiais e recursos, além de determinar os interesses da criança no sentido seletivo.
- **A comparação:** dá liberdade à criança para estabelecer semelhanças e diferenças quanto a materiais, recursos, técnicas, possibilidades e criações artísticas.
- **A experimentação:** permite a procura e a prova de novos elementos, sua identificação; o uso e o resultado são o produto criativo.
- **A organização:** permite à criança descobrir a relação que existe entre o espaço e as formas, a cor, a composição, a linha, o ritmo e a textura.
- **A construção:** permite à criança aplicar sua inteligência, sua imaginação e sua engenhosidade em suas criações, além de estar em uma constante busca dos materiais que podem ser usados e daqueles que podem ser descartados.
- **A criação:** está ligada à mente e ao sentimento. Não surge apenas da visão externa e objetiva. Permite organizar tudo o que percebemos de maneira objetiva e subjetiva para dar forma segundo nossa própria concepção.
- **A modelagem:** é o processo mediante o qual as sensações táteis acontecem por meio dos dedos, pela manipulação de elementos moldáveis ou plásticos, permitindo às crianças momentos de prazer.

Assim, múltiplas são as experiências possíveis em um pátio escolar bem planejado. Além do contato com terra, água e plantas, as crianças podem ouvir histórias à sombra de uma árvore, fazer um piquenique, brincar de casinha, realizar trabalhos com tinta, o que certamente contribuirá de forma significativa para o seu desenvolvimento.

COMO ORGANIZAR UM JARDIM DOS SEGREDOS

Penny Ritscher escreveu um belo livro denominado *El jardín de los secretos: organizar y vivir los espacios exteriores em las escuelas* (2006). Moradora da região de Florença, na Itália, e consultora de vários municípios italianos no tema da educação infantil, a autora aponta algumas ideias fundamentais para a elaboração de um jardim escolar que seja um lugar de encontro e de aprendizagens.

Um jardim precisa ser acessível, estar disponível para as crianças. Para a autora, a cerca é a pele do jardim. Ela precisa dar segurança, ser protetora, mas também flexível e encantadora – incitar o desejo de entrar. Em um jardim dos segredos, é preciso organizar pequenos espaços, caminhos livres, caminhos perigosos, desníveis, enfeitar com sinos, mandalas, etc. Cada encontro é um desafio, possibilita uma ideia, uma reflexão, uma imaginação.

O mobiliário vivo do jardim são as suas plantas. Por esse motivo, ele precisa de diferentes espécies: cercas vivas, trepadeiras, árvores com folhas caducas, perenes, frutíferas, pois a observação do pátio, seu cuidado e manutenção mostram às crianças os ciclos naturais. Geram perguntas científicas: por que as folhas dessa árvore ficam amarelas? Por que outras não caem? Espaços para a observação, como bancos, tendas, aramados, e a organização de um calendário de observação do jardim e de nossos compromissos com a natureza são proposições importantes para a vida das crianças. A grama, as plantas aromáticas, a horta, as pequenas flores, todos são elementos que aproximam a criança da natureza, enriquecem suas experiências multissensoriais e oferecem a possibilidade de desenvolver hábitos de observação, conservação, respeito e admiração, essenciais em um mundo onde a ecologia é um tema fundamental.

É interessante fazer pequenas intervenções que criem ambientes no jardim em harmonia com a natureza: ter uma bela fonte, que faça um "barulhinho bom"; uma caixa de areia, com a possibilidade de se tornar barro nos dias quentes de verão. Ter diferentes animais para aprender a cuidar, observar, alegrar-se, conectar-se, é uma experiência fundamental da infância. As legislações sanitárias muitas vezes impedem, mas em toda a história da educação infantil os aquários e a criação de pequenos animais, como codornas, galinhas e coelhos, foram incentivados por suas características pedagógicas e emocionais.

Além de construções fixas e de um espaço programado pelos adultos, um pátio precisa contar com objetos e materiais que facilitem a construção pelas crianças de elementos para complementar suas brincadeiras, para criar cenários, etc. Sempre que possível, é importante ter à disposição caixas de papelão ou de madeira, cordas, panos, tocos de árvores, tábuas, bancos, gizes, pás, baldes...

Porém, como mencionamos anteriormente, não basta oferecer um espaço organizado para as crianças. Os adultos precisam encantar a relação delas com a natureza. Apresentaremos algumas ideias de Joseph Cornell (2008) sobre ações que podem ser feitas com as crianças. Elas são apenas um início de proposição, um movimento no sentido de as crianças focarem sua atenção em diferentes elementos do jardim:

- escutar as "batidas do coração" da árvore;
- caminhar de olhos vendados;
- fazer trilhas;
- elaborar mapas;
- localizar e atrair animais;
- observar e fotografar animais, plantas, pessoas...;
- realizar excursões em parques com reconhecimento de espaços naturais, compartilhar informações, fazer guias coletivos para outras pequenas viagens;
- observar o pôr do sol, a lua, o arco-íris, as nuvens, as constelações...;
- caminhar descalço;
- imitar animais, reproduzindo seus sons, movimentos...

No início da vida, mais do que saber, é importante as crianças sentirem, observarem, admirarem, valorizarem os espaços ao ar livre. Pouco a pouco, aprender a identificar o pio do passarinho, diferenciar a mosca do mosquito, conhecer a vida das formigas também se torna um valor pessoal e social.

A constituição de um ambiente material e relacional com a participação das crianças em um processo de transformação a partir das suas próprias demandas abre espaço para muitas aprendizagens, constitui responsabilidades, oferece experiências estéticas e instituiu um campo de investigação, pesquisa e aprendizagem para elas e os educadores.

Ilustramos este capítulo com o relato a seguir.

Relato de experiência

Cores, formas, sabores: as amoras do quintal

Daniele Marques Vieira[1]

A cidade é Curitiba, o bairro, próximo a um grande parque, com entorno bastante arborizado. Nas imediações se situa a Escola Parlenda, uma instituição de educação infantil privada, delineada por extensa área verde, ambiente externo diversificado, com oferta de espécies frutíferas, árvores de diferentes portes, gramado amplo, relevo irregular e com inclinação, que convida as crianças à aventura de se lançarem em "voos motores".

A paisagem da instituição constitui elemento decisivo para muitas famílias que têm a vivência na natureza como um critério de escolha da escola para suas crianças. Esse contato se evidencia na proposta pedagógica da instituição, na conformação dos espaços, na circulação dos grupos de crianças observada no cotidiano e nos elementos que compõem os diferentes ambientes da escola.

Vale destacar que a vivência cotidiana no quintal da escola é marcada por limites, rituais, tempos, espaços compartilhados, escolhas, reencontros, desafios e possibilidades que se revisitam e tantas outras a explorar. Para as professoras, esse momento depende de inúmeros fatores: apoio, condições climáticas, materialidade disponível, segurança do ambiente externo para as crianças se movimentarem livremente.

Mais do que isso, uma vivência rica das crianças pequenas no quintal está muito relacionada com os elementos que o compõem: se há tanque de areia, módulos de brinquedos em que circulem sozinhas ou com pouca ajuda, plantas para observar e interagir, árvores para as acolher, árvores frutíferas para que possam acompanhar as transformações ao longo do

---

[1] Doutora em Educação, pesquisadora do Núcleo de Estudos e Pesquisa em Infância e Educação Infantil da Universidade Federal do Paraná (UFPR), consultora em educação infantil, assessora pedagógica da Escola Parlenda, de Curitiba.

ano, flores, pedrinhas e pedronas, galhos, gravetos, folhas, terra, grama, céu à vista. As possibilidades interativas também são marcadas pelo delineamento físico da área externa, com limites que recortam pequenos recantos, onde grupos de crianças podem circular livremente, explorar os elementos naturais e investigar suas características.

Nesses espaços delimitados, as professoras também fazem intervenções que instigam a imaginação e convidam às interações, como disponibilizar tecidos pendurados, caixas de terra com elementos para manipular, cestas ou baldinhos para recolher miudezas, entre tantas outras possibilidades que surgem simplesmente pela oportunidade que as crianças têm de se relacionar diariamente com ambientes naturais. A delimitação física consiste em uma estratégia de dar forma ao espaço de encontro, prover a segurança das crianças e favorecer às professoras acompanhar o grupo em suas explorações, sendo pertinente garantir a visibilidade do entorno – por isso, as cercas de madeira são ideais.

FIGURA 4.2 Árvores frutíferas permitem acompanhar suas transformações ao longo do ano.
Fonte: Imagem gentilmente cedida por Daniele Vieira, Escola Parlenda (2017).

O quintal é lugar de reencontros, enfrentamentos e oportunidades. Se as crianças de diferentes grupos têm a possibilidade de estar juntas, esse momento pode ser vivido entre pares que se aproximam por interesse em experimentar algo novo ou dominar habilidades que alguém conquistou e põe-se a aprimorar. Também é possível um observador lançar-se a provar a potência do próprio corpo, a sensação de elementos inusitados em seu repertório de livre explorador.

Assim que adquirem a marcha, as crianças bem pequenas passam a vivenciar a natureza cotidianamente. Todos os dias, ao convidar as crianças do grupo de 2 anos para irem ao quintal, a professora anuncia esse momento com uma indagação: "Será que já tem amora madura no nosso quintal?". No caminho para chegar ao tanque de areia, as crianças passam por um percurso de pedrinhas, encontram arbustos, flores, um declive de grama e terra, e a amoreira, com seus galhos que chegam ao chão, é um convite à inevitável exploração.

FIGURA 4.3 Árvores frutíferas no quintal da escola.
Fonte: Imagem gentilmente cedida por Daniele Vieira, Escola Parlenda (2017).

Em cada época do ano, as crianças podem observar as transformações que acontecem na amoreira do quintal da escola. Um aspecto sempre se pronuncia como indício do tempo e da estação do ano – suas marcas aos poucos são percebidas na transformação das cores, das formas, dos aromas, o que convida as crianças a sua exploração.

Enquanto as crianças se movimentam na sala para a saída, a professora organiza os materiais que pertencem à ritualística de gestos e procedimentos, próprios e intrínsecos às condições de segurança, cuidados e possibilidades ao grupo. A preparação consiste em finalizar a atividade anterior, organizar os objetos – pano para sentar-se no momento de beber água, cesto com os copos e a garrafa de água – para levar ao quintal, aplicar protetor solar e repelente, vestir calçados que deem estabilidade à investida nos terrenos mais irregulares, trocar as fraldas de quem precisa. Então é o momento de sair, aventurar-se ao caminhar coletivo, ao cambaleio, ao distanciamento dos adultos e à escuta de seu chamado, a circunscrever o percurso previsto e avistado para prová-lo.

"Essa está verdinha ainda, não pode comer, senão dá dor de barriga." Mas é tão fácil pegar, puxar, arrancar do galho, que, de tão cheio, se arrasta no chão. As crianças mergulham no mundo das amoras verdes, rosáceas, vermelhas e pretas. Estas, mais altas, parecem inalcançáveis, e a professora comenta que estão boas para comer, pede a cesta que alguém trouxe e começa a tirar uma a uma do galho, que de tão comprido e cheio, chacoalha cada vez que ela puxa uma amora preta e gorda.

As verdes e rosáceas estão mais pertinho, ao alcance da mão, e com elas a descoberta do gosto da fruta verde, amargo. Podem perceber que as mais tenras são mais fáceis de pegar, bolinhas durinhas, todas elas juntinhas. A professora diz: "Vamos deixar essas que estão verdes e vermelhas e mais durinhas no galho para tomar sol e ficar bem gordinhas, suculentas e docinhas, como estas aqui, vermelhas-escuro, quase pretas".

Com o cesto já mais cheio, a professora convida o grupo a sentar-se sob os galhos da amoreira, em roda, coloca o cesto no centro e chama as crianças, uma a uma, pelo nome combinado com uma palavra que rime, a pegar uma amora e provar o sabor: "Clara arara, você quer pegar uma amora para provar e descobrir seu sabor?", "Felipe antílope, você quer pegar uma amora para provar e descobrir seu sabor?". E assim, uma a uma, as crianças podem participar, escolhendo a fruta, partilhando com seus colegas o sabor.

FIGURA 4.4 Amoreiras.
Fonte: Imagem gentilmente cedida por Daniele Vieira, Escola Parlenda (2018).

As crianças fazem muitas descobertas. Constatam que as mãos ficaram vermelhas, assim como a boca e a língua, passando a esticá-la para mostrar aos amigos, rindo muito. Também percebem que as amoras, por fora, são macias e cheias de bolinhas e, por dentro, às vezes, amargas. Algumas crianças não gostam muito disso e preferem cuspir a fruta. Quem experimenta as mais vermelhinhas sente outro sabor.

Depois dessa degustação, algumas crianças se dispersam em busca de outros interesses, como os balanços, o canteiro de ervas, o tanque de areia, subir e descer do banco de madeira, correr no declive. Outras gostam de ficar escondidas embaixo dos galhos da amoreira a observar o mundo das miudezas que habitam sua sombra no chão. E enquanto houver tempo, novas possibilidades e descobertas podem levar as crianças a conhecer, experimentar e se relacionar no quintal da escola.

Chega o momento de voltar, juntam-se os objetos, recolhem-se os pertences, quem está descalço veste o calçado, a professora combina o percurso e o primeiro a sair na frente conduz os demais. Alguns mostram pequenos achados, prolongando o encantamento que o tempo junto à natureza provoca em cada um e cada uma, e lentamente uma música começa a soar, amalgamando o grupo para que as crianças cheguem juntas à porta; batem-se os pés, deixando rastros de areia.

"Vamos agora tirar os calçados? Quem precisa de ajuda?" Rapidamente as crianças se sentam, começam a executar a ação rotineira e conhecida; quem fica pronto se dirige ao banheiro para lavar as mãos e esperar o próximo momento.

Na cesta, folhas, sementes, galhos, amoras verdes, rosáceas, vermelhas e pretas – achados encontrados no quintal que narram uma tarde vivenciada pelo grupo de crianças, caminhantes, alegres, potentes, que, aos 2 anos, são exímias desbravadoras.

A presença da amoreira no quintal onde as crianças vivenciam diariamente sua relação com a natureza representa uma oportunidade singular e intrínseca ao próprio conceito de natural, pela possibilidade de tocar, perceber as nuanças, sentir formas, capturar elementos, como também acompanhar, ao longo do tempo vivido por elas, a transformação, visível a cada dia.

FIGURA 4.5 Frutos na amoreira.
Fonte: Imagem gentilmente cedida por Daniele Vieira, Escola Parlenda (2019).

Muitas crianças vivem com suas famílias em apartamentos, e, ainda que saiam para passear, por vezes são contidas em suas explorações, o que as impede de ter uma relação concreta com os elementos da natureza pela própria iniciativa. Como ser da natureza, é um direito da criança se relacionar com e na natureza. Por isso, é urgente que as escolas de educação infantil garantam oportunidades cotidianas para que as crianças tenham interações ricas, intensas e repletas de possibilidades investigativas, sensoriais e afetivas com ambientes naturais, para não só se desenvolverem mais plenamente como também para criar vínculos e aprender a reconhecer suas possibilidades e como as repercutem em seu cotidiano.

5 Experiências exitosas em redes públicas de educação infantil

Neste capítulo, vamos destacar duas experiências que consideramos exitosas, realizadas em duas redes públicas de educação infantil, nas cidades de Joinville, em Santa Catarina, e Novo Hamburgo, no Rio Grande do Sul. Várias razões nos levaram a essa escolha, como o fato de serem experiências pautadas por políticas públicas, fruto de um processo que envolveu várias etapas, e não terem surgido do dia para a noite. Frequentemente a infância não está no centro das políticas e, por conseguinte, o desejo e as necessidades dos meninos e das meninas não é considerado. Reiteradas vezes apontamos, nos capítulos anteriores, o quão importante é a relação das crianças com a natureza e, por conseguinte, que as instituições de educação infantil deveriam considerar os espaços ao ar livre como locais privilegiados de qualificadas experiências e aprendizagens.

Nossa proposta é apontar, a partir da leitura e análise dessas experiências, o processo vivido, destacando pontos que consideramos importantes e que são comuns a ambas, independentemente da realidade onde aconteceram.

Relatos de experiências

Programa Reinventando o Espaço Escolar e as oportunidades de uma infância bem vivida[1]

Tarde ensolarada. Guilherme e Laura (crianças bem pequenas, de 2 anos e 7 meses e 1 ano e 9 meses), brincam há algum tempo no canto do pátio. Areia, folhas, galhos e barro movimentam o vai e vem dos pequenos. Com olhares e trocas de poucas palavras, brincam harmoniosamente, elaborando algo que chama a atenção dos adultos que estão a observar. De repente, Guilherme corre em direção à professora e convida apressado: "Vem, vem, pro parabéns!". Ao se aproximar, pode-se observar um belo bolo de areia, cheio de velinhas (gravetos). Guilherme e Laura iniciam a canção "Parabéns a você", felizes com a festa que haviam organizado. A professora agradece o convite, achando que havia acabado a festa, mas, antes de ela se afastar, Laura pega em sua mão para lhe mostrar sua produção. A professora questiona: "Nossa, tem mais um bolo?", e Guilherme rapidamente responde: "A 'neném' fez um bolo de folhas!".

Esse relato representa a consolidação de um sonho transformado em programa na Rede Municipal de Ensino de Joinville. Crianças criando e produzindo cultura, contato com a natureza, olhar atento do professor, registro que vira memória... Ampliar as lentes para o espaço escolar e compreender toda a sua potência, entendendo que criança precisa de luz, árvores, flores, terra para estreitar seus laços estéticos com a natureza e a vida: hoje essa é a essência da proposta pedagógica no município. E esse programa nasceu assim, simples assim... e se expandiu de uma forma que hoje não se pensa mais em educação infantil dissociada da organização dos espaços, considerando tudo que as crianças querem e precisam para se desenvolver.

---

[1] Texto baseado na Diretriz Municipal de Educação Infantil de Joinville (JOINVILLE, 2019).

O princípio: provocar e sair do lugar

Essa história começou em 2009, com a publicação das Diretrizes Curriculares Nacionais para a Educação Infantil (DCNEIs) (BRASIL, 2009b), apontando a necessidade de as instituições de educação infantil proporcionarem às crianças experiências significativas, que permitam imaginação, criatividade, observação e pesquisa, de modo que convivam com o meio natural e assim promovam seu desenvolvimento global. Esse documento inquietou a equipe do setor de educação infantil da Secretaria Municipal de Educação de Joinville, que organizou um plano de verificação sobre como acontecia essa proposta nos centros de educação infantil (CEIs) da rede municipal de ensino.

O primeiro passo foi provocar os profissionais com relação aos espaços externos das unidades: o que estávamos oferecendo às crianças? Parquinhos e espaços com brita eram as principais opções. Será que a combinação desses dois elementos era suficiente para proporcionar experiências significativas e novas descobertas às crianças?

Diante dessas reflexões, foi criada uma comissão intersetorial envolvendo profissionais da educação infantil, o Núcleo de Educação Ambiental e o Núcleo de Obras. Essa equipe passou a verificar os espaços externos dos CEIs, ampliando as lentes para o que era oferecido às crianças nos quesitos brinquedos de parque, qualidade dos equipamentos, arborização e paisagismo, organização, limpeza, acondicionamento dos resíduos e acessibilidade. Utilizou-se como recurso o registro fotográfico de todos os ambientes dos CEIs.

Esse levantamento resultou em um diagnóstico intrigante, pautado em algumas questões: concepção do brincar e espaço oferecido às crianças limitado só ao parque; estética pensada na perspectiva do adulto; ambientes repletos de brita; pátio sem árvores e jardins; ambientes utilizados como depósito de materiais diversos ou bicicletário/estacionamento. Diante da realidade encontrada, a Secretaria de Educação organizou um seminário com os gestores e coordenadores pedagógicos para apresentar o diagnóstico.

Com base nos resultados, tornou-se impossível não encarar a realidade. Muitas reflexões passaram a inquietar todos os profissionais do município: o que os espaços externos comunicam/possibilitam às crianças? Por que transformar espaço em ambiente? Em meados de 2010, um desafio foi lançado aos gestores dos CEIs: reinventar os espaços externos das instituições, com a finalidade de sugerir ações, ouvir as crianças, os profissionais, as famílias e a comunidade, de forma que todos participassem da elaboração do projeto institucional. Todos os gestores e coordenadores foram orientados quanto à organização do projeto institucional, arborização, jardinagem, normativas preventivas de segurança relacionadas aos parques e destinação correta de resíduos.

A partir disso, foram ficando evidentes as percepções sobre a intencionalidade pedagógica dos espaços, em um movimento de pesquisa entre os professores e acolhimento ao que as crianças e famílias desejavam. As unidades elaboraram suas propostas com o objetivo de ressignificar seus espaços físicos, de modo a oferecer às crianças maior interação com a natureza, diversidade nas possibilidades de aprendizagem, acolhimento, segurança e bem-estar; construir uma nova cultura entre os professores sobre a exploração de outros ambientes, além da sala de aula e do parque; refletir sobre as vivências e experiências que um ambiente repleto de sentidos pode proporcionar e sensibilizar as famílias quanto à participação na proposta.

No início de 2011, retornando às unidades, a comissão se deparou com muitas surpresas. Várias dificuldades foram superadas, sonhos foram realizados, os espaços externos tornaram-se mais atrativos e convidativos às crianças, permitindo que vivências, experiências e interações tivessem maior intencionalidade.

Para a continuidade da proposta, a equipe técnica pedagógica da Secretaria de Educação passou a realizar, anualmente, formações com gestores, professores, funcionários e comunidade, a fim de transformar as unidades escolares em espaços educadores sustentáveis, conforme preconiza a Resolução nº 2, de 15 de junho de 2012 (BRASIL, 2012c).

Caminhando, vamos longe

Atualmente, o programa contempla todos os CEIs da rede municipal de Joinville. O projeto consta como estratégia do Plano Municipal de Educação, na forma de programa, que amplia o alcance da proposta para o ensino fundamental.

Deu-se, assim, um grande passo na rede, no sentido de integrar comunidade e escola, trabalhando por um único objetivo: qualificar e humanizar o ambiente escolar como as crianças querem, merecem e precisam.

Hoje, milhares de crianças como Guilherme e Laura têm a possibilidade de brincar, se expressar, explorar, conviver, conhecer-se e participar de brincadeiras e interações em espaços seguros, sustentáveis, que oferecem qualidade estética e inúmeras possibilidades de aprender e se desenvolver, vivendo bem suas infâncias.

Um lugar e muitas "infâncias" para contar: CEI Professora Herondina da Silva Vieira

Equipe CEI Professora Herondina da Silva Vieira[2]

O CEI Professora Herondina da Silva Vieira, localizado na região Sul da cidade, representa um pontinho de luz que, junto com as demais 72 unidades de educação infantil de Joinville, ilumina e marca a história de vida, desenvolvimento e crescimento das crianças. A instituição recebe diariamente 263 crianças de 4 meses a 5 anos de idade. Cabe destacar que cada CEI[3] teve sua trajetória singular durante a implanta-

---

[2] Joseane Helena Schulz (diretora); Bianca Pinheiro Gozdecki (auxiliar de direção); Suély Massaneiro Marquioro e Sonia Zimermann (professoras de apoio pedagógico); Cibérie Tomazoni Felske, Isabel Cristina Carvalho da Silva, Lesani Zerwes Becker, Maéle Cardoso Avila, Marlene Terezinha Zimmer, Rosane Mari dos Reis, Solange de Souza Seger (professoras técnicas pedagógicas); Sônia Regina Victorino Fachini (secretária de Educação); Vanessa Cristina Melo Randig (diretora executiva de Políticas Educacionais).

[3] Para conhecer a trajetória de cada CEI de Joinville no Programa Reinventando o Espaço Escolar, acesse o *e-book*: FREITAS, J. V. et al. (org.). *Reinventando o espaço escolar*. Joinville: Secretaria Municipal de Educação, 2019.

ção do Programa Reinventando o Espaço Escolar, trilhando caminhos e tempos diferentes, respeitando os interesses, as necessidades, os desejos e os conhecimentos de crianças, equipes pedagógicas e comunidade escolar.

No CEI Professora Herondina da Silva Vieira, as práticas pedagógicas partem do olhar e da escuta atenta dos educadores sobre as relações que são formadas entre as crianças durante suas interações com outras crianças, com os adultos, com o próprio ambiente e com os materiais disponíveis. É nessas relações, que causam espanto e aguçam a curiosidade da criança, que surgem diversas hipóteses e possibilidades de descoberta e encantamento. E, a partir dessas observações, o educador vai mediando e oportunizando novas aprendizagens por meio de um projeto de pesquisa.

Foi por meio desses projetos de pesquisa desenvolvidos com as crianças que os espaços da unidade foram reestruturados, contando com recursos e apoio da Associação de Pais e Professores, doações e parcerias, como, por exemplo, do Programa Dinheiro Direto na Escola – Educação Sustentável, baseando-se na importância do diálogo entre os ambientes internos e externos, pois acredita-se que por meio do ambiente também é possível construir conhecimentos, ensinar, instigar a curiosidade e oportunizar novas habilidades e aprendizagens às crianças.

As paredes nunca foram barreiras para quem decide relacionar-se com o meio natural. Aliás, falando em paredes, um muro que delimitava espaços, separando os bebês dos ambientes externos, foi totalmente removido, com o objetivo de interligar os ambientes dos solários, onde as crianças podem ter acesso a todos os espaços com autonomia.

Desde 2012, por meio do projeto institucional Reinventando os Espaços da Educação Infantil, muitos sonhos e desejos infantis começaram a virar realidade. O incentivo inicial veio da Secretaria de Educação, com a provocação aos gestores: qual é o espaço externo que está sendo oferecido às crianças? Por meio dessa indagação e de estudos, começou-se a pensar em transformar os espaços externos em laboratórios vivos, tendo como base a educação sustentável. Na época, havia um espaço amplo, mas sem grandes possibilidades de diversão e de aprendizagem. A mudança teve início após os profissionais serem tocados por essa necessidade de transformação, pois, para as crianças, isso já era um sentimento real. A partir daí, foram sonhos e mais sonhos sendo concretizados, cuja maior gratificação sempre foi o sorriso e a expressão de encantamento das crianças. Ao longo desses oito anos vêm sendo realizadas ações de desenvolvimento e aprendizagem por meio de propostas que oportunizam a brincadeira, a convivência, a participação, a exploração, a expressão e o autoconhecimento. Essas propostas permitem o constante movimento nas relações entre a criança e o meio, baseadas na educação sustentável, conforme orientações da Diretriz Municipal de Educação Infantil de Joinville, documento que norteia as práticas pedagógicas e aprimora o cotidiano, revelando novas conquistas.

A primeira mudança foi a construção de um morro de barro coberto com grama e um túnel, que, logo de início, já proporcionou muitas aventuras, estimulando a imaginação dos pequenos. Depois veio a revitalização da caixa de areia, a criação da horta pedagógica e seus canteiros suspensos, que proporcionam o plantio, a observação, a manutenção e o cuidado, além de contribuir nas refeições. Também foi criado o "Lar dos pássaros", com o objetivo de observar as aves, estreitando o vínculo entre as crianças e os animais. São todos espaços que proporcionam a exploração dos quatro elementos naturais – água, terra, fogo e ar.

O descarte do lixo produzido também foi um ponto observado pelas crianças: "Para onde vai todo esse lixo misturado?". Assim, por meio das hipóteses levantadas e estratégias para solucionar esse caso, foi criada uma composteira para separação do lixo orgânico e algum tempo depois a Comissão de Meio Ambiente e Qualidade de Vida na Escola (COM--VIDA)[4] – formada por mães e pais de algumas crianças – auxiliou na confecção de lixeiras seletivas. Além disso, os jardins e parques foram revigorados com o plantio de flores, gramados e muitas árvores, que garantem sombra para as brincadeiras ao ar livre.

---

[4] Programa dos ministérios da Educação e do Meio Ambiente com objetivo de potencializar ações de educação ambiental, tornando a localidade uma comunidade sustentável.

Em uma dessas árvores, há uma casinha feita em madeira, com acesso por escadas, rampa e ponte, que é um dos espaços preferidos dos pequenos. Essa casinha já foi esconderijo, observatório, navio de piratas, laboratório e até uma torre de castelo, onde os soldados fazem guarda vigiando os possíveis invasores. As crianças também já brincaram de elevador, subindo e descendo brinquedos leves e pesados com cordas. Para deixar esse espaço ainda mais aconchegante, foi pendurada uma rede, na altura das crianças, para que elas possam descansar. Ali, elas podem deliciar-se com o balanço da rede, explorando o espaço individualmente, enquanto seus colegas brincam no espaço coletivo. Em todos os ambientes a autonomia para fazer escolhas é estimulada.

Desde então, as crianças passaram a ter uma nova sala de aula ao ar livre. Tornou-se costume explorar, brincar e participar das rodas de conversa em outros espaços. Que delícia poder deitar-se no gramado e admirar o céu, ouvir os pássaros, subir em árvores e imaginar quantas coisas ainda podem ser descobertas! Pensando nisso, foi construído um deque onde as crianças apreciam deitar-se sobre as almofadas para ouvir histórias mirabolantes, apaixonadas e assustadoras. Foi nesses espaços mais afetuosos que se observou a evolução das crianças em suas dramatizações, análises e construções de castelos e torres altíssimas utilizando pedras, blocos, galhos e folhas.

Foi construída uma "praça de pneus", com o objetivo de oferecer mais um espaço aberto para explorar a arte e a criatividade. Suas mesinhas, montadas com pneus reutilizados e decorados pelas crianças com mosaicos de azulejos, deixaram o ambiente ainda mais bonito, e guarda-sóis disponíveis sobre cada mesa deixaram o clima mais agradável. Muitas produções artísticas já foram produzidas ali.

Ainda falando em revitalizações, em boa parte do parque foi retirada a brita, sendo colocados grama e pó de pedra, pois as crianças queriam correr descalças e não conseguiam. Todo aquele mar de brita foi aos poucos se transformando em espaços educadores sustentáveis. Além disso, nesses ambientes é possível encontrar um espaço sonoro construído com canos de PVC, circuitos de pneus que estimulam a coordenação motora, uma parede de azulejos para expressão artística com tinta, uma caixa de barro para grandes descobertas com lama e um grande muro, pintado com tinta "verde escolar", com aproximadamente 30 metros de comprimento, no qual as crianças podem rabiscar à vontade. Nesse mural coletivo, já houve desde desenhos incompreensíveis até as primeiras tentativas de escrita.

Para as brincadeiras com água, com a parceria do Programa Dinheiro Direto na Escola – Educação Sustentável, foi construído um sistema de captação de água da chuva, que pode armazenar até 10 mil litros. A rede é pressurizada e possui tratamento, o que torna a água balneável, sendo esta ainda reutilizada para limpeza de calçadas e manutenção. Ao lado, há um espaço com chuveiros ao ar livre e cortina d'água, também abastecidos pela captação da chuva, para diversão das crianças em dias ensolarados.

Observando essas ações que foram se concretizando a partir das brincadeiras e interações, é possível perceber que a reorganização dos espaços com base nos interesses e nas necessidades das crianças amplia de forma significativa as relações preexistentes, tornando-se palpáveis a aprendizagem e o desenvolvimento das crianças, possibilitando que tanto elas quanto os adultos possam reinventar-se constantemente, compartilhando suas infâncias de forma mútua, saudável e feliz.

FIGURA 5.1 Espaço do deque – antes e depois.

FIGURA 5.2 Muro solário – antes e depois.

Abrindo as portas da escola infantil

FIGURA 5.3 Parque – antes e depois.

FIGURA 5.4 Casinha na árvore, chuveirão com água pressurizada e horta.

Estar com e na natureza: caminhos trilhados pela rede municipal de Novo Hamburgo para qualificar a relação de crianças e adultos na escola da infância

Equipe do Núcleo de Educação Infantil da Secretaria Municipal de Educação(SMED)[5]

Há alguns anos a rede municipal de ensino de Novo Hamburgo (RME/NH) vem sendo reconhecida pelo modo como utiliza seus espaços externos, especialmente nas escolas de educação infantil. Novo Hamburgo é um município da região metropolitana de Porto Alegre (RS), e, de acordo com o Censo Escolar de 2019, há 8.090 crianças matriculadas na RME/NH, composta por 34 escolas municipais de educação infantil (EMEIs), que atendem turmas de creche e pré-escola, e 52 escolas de ensino fundamental (EMEFs), das quais 47 atendem turmas de pré-escola.

Ao olharmos o caminho trilhado, percebemos que essa maneira de organizar e estar com as crianças, sobretudo nas áreas externas, tem origem na marca mais relevante da nossa rede, que é o investimento na formação em contexto, somado à sensibilidade de escutar as crianças e pensar coletivamente espaços que sejam das crianças e não para as crianças.

Este relato é um convite para conhecer e acompanhar os passos que percorremos na busca para qualificar o estar de bebês, crianças bem pequenas e crianças pequenas nesse espaço coletivo de convivência que se chama escola, e, na mesma medida, que nos fez estar com e na natureza de forma mais respeitosa, plena e menos artificializada.

A escrita segue os moldes de uma trilha na floresta como metáfora para contar sobre o percurso na qualificação da relação dos adultos

---

[5] Texto elaborado coletivamente pela Equipe do Núcleo de Educação Infantil da Secretaria Municipal de Educação (SMED), formada por: Luciane Varisco Focesi (coordenadora da Educação Infantil); Letícia Caroline Streit e Regina Gabriela Gome (assessoras pedagógicas e formadoras de professores e gestores da Educação Infantil); Darjela Cima, Gilmara de Campos Goulart, Régis Wagner, Lidiele Oliveira e Luciane Frosi Piva (assessores pedagógicos da Educação Infantil).

e das crianças com e na natureza na nossa rede. Uma floresta que se mostra densa e fechada em uma primeira impressão, mas que, ao ser iluminada pelos raios do sol, nos revela os pequenos detalhes, das árvores frondosas aos pequenos insetos e folhas caídas ao chão, cada qual com sua beleza.

Inicialmente, situa o lugar de que estamos falando, os movimentos de reconhecimento e construção de um mapa norteador dos nossos primeiros passos. Em seguida, conta a continuidade do processo formativo com as equipes diretivas das escolas, as famílias e a assessoria, e como aconteceram as reflexões e as pistas para avançar. Adentrando um pouco mais as curvas dessa trilha, fala-se sobre os pilares e as bases teóricas que sustentam e fundamentam nossos passos. Por último, relatamos o desbravar e o caminho da trilha; a formação em contexto dos professores e o envolvimento das famílias e das crianças nessa temática; o processo coletivo e de conquistas no que se refere à garantia da criança estar "do lado de fora" com qualidade, autonomia e segurança.

Os primeiros passos: uma trilha a desbravar

Antes mesmo de a Lei de Diretrizes e Bases da Educação Nacional (LDB – Lei nº 9.394/96) ser promulgada e legitimar a educação infantil como etapa inicial da educação básica, as escolas municipais de ensino fundamental da nossa cidade já contavam com turmas de pré-escola. Com a LDB (BRASIL, 1996), as creches, que até então estavam vinculadas à Secretaria de Assistência Social, passaram a fazer parte da educação. Esse movimento, somado a toda legislação, pesquisa e estudos que normatizam o trabalho a ser desenvolvido com essa etapa, preconiza a qualificação das práticas pedagógicas, que têm como princípio a escuta das crianças.

Ainda, na busca da garantia dos seus direitos de desenvolvimento e aprendizagem, considera a brincadeira e as interações como eixos do currículo, definidos nas DCNEIs (BRASIL, 2010) e reforçados pela Base Nacional Comum Curricular (BNCC) (BRASIL, 2018a). Esses documentos foram balizadores para desdobrar as formações e a organização dos espaços para ampliação do atendimento de bebês e crianças até os 6 anos.

A RME/NH já tinha uma marca reconhecida com o trabalho de monitores ecológicos e com ações de sustentabilidade, bem como o envolvimento de professores no Coletivo Educador, que agrega um profissional por escola para ser referência nas questões ambientais. No entanto, como profissionais da educação infantil, sabíamos que as ações que precisávamos estruturar estavam situadas em outra lógica, no resgate da importância de estar com e na natureza, por entendermos que cuidamos daquilo que conhecemos.

Com a ampliação da oferta da educação infantil nas escolas da RME/NH, o investimento se concentrou inicialmente nas formações das equipes gestoras e dos professores, a fim de entender o brincar e desenvolver estratégias para qualificá-lo. Esse pode ser considerado um ponto forte da nossa trilha: assumir a importância de olhar para o brincar e, assim, entender que o fator de maior potência é estar com e na natureza.

Nessa perspectiva, passamos a aprofundar a compreensão sobre o sentido do brincar, não apenas como uma das marcas da infância, mas como uma linguagem essencial para o desenvolvimento da criança, da sua aprendizagem e da sua constituição. Isso nos provocou a olhar para a brincadeira, a perceber onde, como, com o quê e com quem as crianças brincavam.

Estar com e na natureza é para a criança uma experiência única e incomparável, pois permite a ela se conectar com o meio ambiente ao visualizar suas belezas, ouvir seus sons e encantamentos, ritmos e movimentos, invenções e criações. O ambiente natural propicia à criança aprender a superar os próprios limites, encontrar desafios e acionar modos de pensar para resolver problemas, desenvolvendo sua autonomia em escolher riscos, gerenciá-los e, sobretudo, aprender com eles. Ainda, estar no mundo natural possibilita viver relações vitais e constitutivas do ser humano com a natureza. Ao vivenciar diferentes linguagens, a criança constrói aprendizagens complexas e de cuidado em relação ao mundo.

Nessa busca por aprofundar tais conceitos, em parceria com o Instituto Avisa Lá, os coordenadores pedagógicos das EMEIs participaram do Formar em Rede, programa de formação em serviço que teve como pauta de vários encontros o brincar. Com isso, elaborou-se coletivamente um projeto institucional sobre o tema, que envolveu a equipe escolar, as famílias, as crianças e a comunidade em ações, objetivando ampliar e qualificar as práticas pedagógicas. Nesse processo, encontramos um caminho para a conscientização da importância e da potência dos tempos e dos espaços do brincar na infância.

Outro espaço formativo e reflexivo sobre as práticas nas escolas que contribui para nosso olhar e escutar as crianças é o Observatório da Cultura Infantil (OBECI), idealizado e coordenado pelo professor Paulo Fochi. Atualmente, além de escolas de outros municípios, três escolas públicas da RME/NH[6] participam do projeto, juntamente com três assessoras da educação infantil da SMED/NH.

O OBECI nasceu de forma independente, sem vínculos com instituições universitárias, com o objetivo de criar uma comunidade de profissionais da educação infantil interessados em refletir sobre as dinâmicas do cotidiano e da formação dos professores das suas instituições, a partir da estratégia da documentação pedagógica (FOCHI, 2019).

As reflexões produzidas no OBECI, ao longo de seus sete anos de existência, têm constituído um modo de pensar, fazer e narrar uma dada pedagogia da educação infantil nas escolas participantes que, a partir do acompanhamento da assessoria pedagógica da SMED/NH, tem servido de inspiração e referência às demais escolas da RME/NH.

Aprofundar o conhecimento sobre a linguagem do brincar e o papel do adulto nas brincadeiras continua sendo um objetivo permanente da formação continuada dos profissionais e um tema de reflexão e diálogo com as famílias. Entendemos que, para que o professor possibilite à criança ser e estar na natureza, é preciso que sinta, perceba e compreenda o que esse encontro proporciona.

Primeiros passos trilhados, a seguir compartilhamos as concepções que sustentam nosso percurso.

---

[6] Nesse percurso, participaram do OBECI, temporariamente, a EMEI Prof. Ernest Sarlet e a EMEF Senador Salgado Filho. Atualmente, as escolas públicas que participam e que são da RME/NH são as EMEIs Aldo Pohlmann, João de Barro e Joaninha.

Pilares que sustentaram e sustentam nossos passos nessa trilha...

> O interesse da criança por formas, sons, gestos, afazeres, cores, sabores, texturas, assim como suas perguntas sem fim, sua vontade de tudo agarrar e examinar e seu amor às miniaturas que comportam o grande em menor tamanho, pode ser traduzido por um desejo de se intimar com a vida. [...] É um intimar para conhecer, pertencer, fazer parte, estar junto daquilo que a constitui como pessoa. (PIORSKI, 2016, p. 63).

Quando iniciamos o percurso, trilha adentro, as DCNEIs (BRASIL, 2010) foram a principal referência legal e teórica que embasou o trabalho, junto com outros documentos norteadores, como *Critérios para um atendimento em creches que respeite os direitos fundamentais das crianças* (CAMPOS; ROSEMBERG, 2009), *Brinquedos e brincadeiras de creche* (BRASIL, 2012a), e, hoje, na continuidade das propostas referentes ao tema, buscamos aporte, também, na BNCC (BRASIL, 2018a).

Desde então, temos encontrado diferentes autores que abordam a relação e a conexão entre as crianças e a natureza. Com eles, temos fortalecido nossas concepções e sustentado nossa prática nas escolas. O jornalista e escritor do livro *A última criança na natureza*, Richard Louv (2016), chamou de "transtorno do déficit de natureza" as mazelas que permeiam as infâncias atuais.

Nesse sentido, entendemos que a RME/NH precisa garantir espaços internos e externos potentes, que oportunizem a experiência e o contato direto com a natureza e todos os seus elementos. As crianças que ocupam nossas escolas estão vivendo uma infância, muitas vezes, diferente da nossa, no que se refere à liberdade e à segurança para brincar em pátios, parques ou na rua, em frente às casas. Vivemos um tempo que nos força a estar mais "dentro" do que "fora". Como assegurar às crianças o direito de brincar e interagir estando dentro das salas, entre paredes?

Gandhy Piorski (2016, p. 26) nos diz que:

> A imaginação, na criança, é como a semente, que, em contato com a água, sai de sua latência, inibe os hormônios anticrescimento e inicia um poderoso processo elétrico, que acorda informações genéticas antiquíssimas com a função de reproduzir, proliferar, manter-se fiel à vida e à sua originalida-

de. Especialmente nos brinquedos da terra, a imaginação material cumpre essa função.

Assim, entendemos o espaço da natureza, o "lado de fora", como um lugar onde o brincar se materializa. Para que esse espaço seja potente e as brincadeiras e experiências possam verdadeiramente acontecer, precisamos contar com professores que escutem e olhem para as crianças como sujeitos de direitos e, na mesma medida, percebam o espaço externo como um lugar rico em possibilidades para oportunizar a elas a infância que, por vezes, muitos de nós, hoje adultos, pudemos ter.

Assim se desenhou mais um passo da nossa caminhada. Entendemos que a formação dos professores é um dos pilares sobre os quais nossa ação como SMED/NH precisa estar sustentada. Para que as interações e as brincadeiras, eixos estruturantes da educação infantil segundo as DCNEIs (BRASIL, 2010) possam efetivamente ocorrer, precisamos promover a qualificação das experiências de brincadeira, refletir sobre os espaços, os tempos, os materiais e as intervenções que garantem as condições para que as crianças brinquem e se desenvolvam na escola.

A primeira infância caracteriza-se por aprendizagens importantes que, apesar de se relacionarem à dimensão orgânica da criança – caminhar, falar, controlar esfíncteres, imaginar, representar por meio de diversas linguagens –, não se resumem a uma constituição puramente biológica, que tem um momento determinado para amadurecer. As aprendizagens nesse momento da vida são construídas nas relações e nas interações estabelecidas com o mundo social e material e mediadas por outras crianças, pelos adultos e pela própria cultura.

Desde que nasce, a criança estabelece interações, desenvolvendo-se nos aspectos da motricidade, da linguagem, da afetividade, do pensamento e da sociabilidade de modo integrado, em seu próprio ritmo e forma, desde que lhe seja oportunizado participar ativamente das diversas situações do cotidiano, na companhia de outras crianças e de adultos. As primeiras explorações sensoriais e motoras são experiências lúdicas vividas pelo bebê, que se ampliam e se complexificam à medida que a criança cresce, necessitando de tempo e espaço para a brincadeira se desenvolver. Por isso, entendemos que todas as crianças, desde bebês, têm direito a viver e a habitar todos os espaços da escola, inclusive pátios e espaços externos.

A BNCC (BRASIL, 2018a) considera que as formas pelas quais as crianças aprendem são: convivendo, brincando, participando, explorando, comunicando e conhecendo-se, e define que esses seis grandes direitos de aprendizagem devem ser garantidos às crianças na educação infantil. Entre esses direitos, que se relacionam e se efetivam nas experiências concretas da vida cotidiana, está o direito de brincar.

O brincar é um direito fundamental na vida humana, e, como vimos com Piorski (2016), é especialmente nos "brinquedos da terra" que a criança estabelece uma conexão entre sua imaginação e sua vida, sua existência. Kishimoto (2009 apud BRASIL, 2012a) nos ajuda a compreender a importância da brincadeira quando diz que devemos ter o foco na criança, no brincar e na observação da criança enquanto brinca. Quando um adulto quer educar uma criança pequena, a primeira coisa a fazer é observar o seu brincar. Segundo a autora, é no brincar que a criança mostra em que está interessada e então o professor, ao perceber seu interesse, pode criar um ambiente para a aprendizagem. Por isso, é fundamental o professor estar convencido e compreender a importância do brincar no desenvolvimento das crianças. Nesse sentido, desenvolver a "dimensão brincante" dos profissionais que atuam na educação infantil torna-se uma premissa para avançar trilha adentro.

Ainda sob o aspecto da formação de professores e sobre a necessidade de envolvê-los conceitual e concretamente com o compromisso de garantir às crianças o direito de brincar e, mais que isso, de brincar "do lado de fora", encontramos em Larrosa (2002, p. 22) que "A experiência é o que me passa. Não o que faço, mas o que me passa. [...] por isso a experiência é atenção, escuta, abertura, disponibilidade, sensibilidade, vulnerabilidade, ex/posição". É nessa experiência, nesse olhar atento, na escuta sensível daquilo que não está posto e na vivência e experimentação concretas que pensamos e organizamos os momentos de formação docente.

Acreditamos que, para que o professor possibilite à criança o brincar e o contato com e na natureza, é fundamental que ele também sinta, viva e experimente esse brincar. Brincar e movimentar-se são necessidades vitais para o desenvolvimento da criança, tanto quanto descansar e alimentar-se. Brincando, a criança experimenta novas sensações, reproduz e recria o cotidiano, resolve seus conflitos, formula hipóteses, expressa sentimentos e pensamentos, desenvolve a identidade e a autonomia.

Ainda, como parte desse repertório de brincadeira das crianças, está o seu "comportamento colecionador" (KÁLLÓ; BALOG, 2017), em um processo de recolher coisas, examiná-las, compará-las, notar suas propriedades, abstrair características comuns ou distintas e até mesmo descartá-las após análise. Esse comportamento sofre variações – algumas crianças colecionam muitas coisas e outras poucas ou diferentes peças: brinquedos, objetos cotidianos e materiais da natureza. Ou seja, a criança elege suas coleções com os objetos que "[...] pensa que são importantes e os guarda em um lugar particular ou dentro de um recipiente" (KÁLLÓ; BALOG, 2017, p. 41). Isto é: "São processos intelectuais repetidamente evidenciados por crianças interessadas em colecionar e onde percepção e ação permanecem estreitamente unidas" (KÁLLÓ; BALOG, 2017, p. 44). Por essas razões, propiciar o estar do lado de fora, em um pátio rico de experiências sensoriais, olfativas, acústicas e táteis, é responsabilidade de uma escola da e para a infância, a fim de possibilitar que as crianças vivam essa relação direta com e na natureza. As DCNEIs (BRASIL, 2009a, documento *on-line*) enfatizam que devem fazer parte do cotidiano da unidade de educação infantil "Experiências que promovam o envolvimento da criança com o meio ambiente e a conservação da natureza e a ajudem a elaborar conhecimentos, por exemplo, de plantas e animais [...]".

Por tudo isso, quanto mais cedo promovermos o encontro da criança com a natureza, melhores e mais fortalecidos serão seus vínculos e laços construídos com todas as formas de vida, assim como a constituição de uma identidade afetiva com a terra. A criança contemporânea já nasce no ambiente urbano e, infelizmente, com possibilidades muito restritas de viver a natureza. Na maioria das vezes, ela tem mais oportunidade de convivência com os problemas e catástrofes ambientais do que com a natureza em sua plenitude e beleza. Nesse sentido, o conceito de "desemparedamento" (TIRIBA, 2007) favorece a relação da criança com a natureza. Para a autora:

> [...] as crianças estão emparedadas: são mantidas, a maior parte do tempo, em espaços fechados, as rotinas não contemplam suas necessidades e desejos de movimentarem-se livremente nos pátios, sob o céu, em contato com o sol, a terra, a água. [...] Como aprender a respeitar a natureza se as crianças não convivem com seus elementos? (TIRIBA, 2007, p. 220-221).

Tendo em vista que só cuidamos daquilo que amamos e só amamos aquilo que conhecemos, é necessário oferecer oportunidades para que a criança aprenda a amar a Terra. Dessa forma, é fundamental colocá-la em contato com e na natureza para que, a partir dessa experiência, aconteça o desenvolvimento do sujeito que opta por atitudes orientadas para a sustentabilidade do planeta. Viver experiências de plantar, observar a semente germinar e crescer, perceber do que as plantas precisam para viver, colher fruta no pé e acompanhar as diferentes cores que os frutos vão tomando no decorrer do seu amadurecimento significa aprender na e pela experiência. A partir dessas bases teóricas, que sustentam e fundamentam nossos passos, em seguida apresentamos o que nos levou e nos leva ao meio da trilha, contando o percurso e os obstáculos que surgiram e nos mantêm no caminho.

Os caminhos pela trilha: desafios e encantamentos

De modo a adentrar esse caminhar pela trilha, consideramos importante falar do nosso diagnóstico inicial, das sensações e das percepções que nos levaram a traçar os caminhos e a marcar os nossos primeiros passos. Percebemos que, geralmente, a brincadeira nos espaços externos das escolas não era compreendida como uma possibilidade tão potente de aprendizagens e de interações pelas crianças com a mesma importância que os espaços internos das salas. Ao mesmo tempo, as próprias escolas tinham o diagnóstico de que grande parte das crianças tinha pouco espaço para brincar em casa.

Era visível que os pátios refletiam uma perspectiva de criança e de pedagogia tradicional, "[...] legitimando-se a ideia de que somente nas salas de atividades há uma intencionalidade pedagógica, ou seja, dentro da escola se aprende, enquanto lá fora se corre ou se brinca na areia" (HORN, 2014, p. 6). Muitos pátios de escolas tinham como possibilidade de brincadeira uma concepção de *playground*, de "extravasar a energia das crianças", com a oferta de brinquedos de plástico ou ferro – escorregador, gira-gira, balanço.

A partir dessa constatação, e desafiadas pela necessidade de avançar na compreensão de que o espaço externo também oferece oportunidades para as crianças brincarem e interagirem umas com as outras, com os adultos e com a natureza, decidimos que era necessário trabalhar com essa temática. Por isso, na formação de professores e equipes diretivas, fomos sensibilizando e instrumentalizando os participantes no sentido de que os diferentes materiais e espaços fossem pensados e enriquecidos intencionalmente pelos adultos. A formação de professores ocorreu em encontros nas escolas, liderados pelos coordenadores pedagógicos, que, inspirados pelas reflexões do Formar em Rede, com a equipe de assessoria da SMED/NH, as replicaram.

Durante o processo de formação continuada envolvendo o tema do brincar e a natureza, os encontros passaram a propor um objetivo comum: desenvolver a dimensão sensível e brincante dos professores, condição importante para que a brincadeira seja o pilar das experiências do processo educativo na escola da infância. As formações nas escolas também ocorriam em parceria com a assessoria da equipe de educação infantil, que, além de pedagogos, contava com uma bióloga e uma psicomotricista.

As ações importantes nesse percurso envolveram encontros e propostas em que as famílias eram levadas a se conectar com sua própria infância e suas brincadeiras, com suas memórias afetivas em contato com e na natureza, com o objetivo comum de desenvolver a dimensão sensível e brincante também dos adultos. Nesses encontros, era discutida a importância de as crianças se sujarem e o direito de subirem em árvores, brincar com materiais não convencionais, ter contato com plantas diversas, viver desafios com segurança e supervisão dos adultos responsáveis.

Atualmente, as famílias conhecem, valorizam e participam das propostas envolvendo o contato com e na natureza. Além disso, a SMED/NH ofereceu o que chamamos de Laboratórios Infância e Natureza, que ocorriam no Espaço Pedagógico Centro de Educação Ambiental Ernest Sarlet (CEAES), no Parque Municipal Henrique Luís Roessler, conhecido como

Parcão[7], e nas escolas. Nesses momentos, o contato com e na natureza foi e é viabilizado por meio da visitação de adultos e crianças a esses espaços, possibilitando uma plena experiência corporal.

Destacamos que esses espaços recebem profissionais e crianças da educação infantil da RME/NH para o encontro com e na natureza, estudos, vivências e sensibilização para as questões ambientais e de sustentabilidade planetária. Tais vivências continuam ocorrendo na comunidade, ocupando espaços públicos, como praças, parques, jardins e arredores da cidade. Também são realizadas saídas de estudos a esses locais organizadas pelas escolas.

Algumas instituições ressignificaram sua relação com e na natureza, nos espaços disponíveis na comunidade, começando por levar as crianças a conhecer e passear por esses lugares ou ampliando o pátio da escola como extensão da praça pública. Para isso, criaram um portão de acesso até a praça para facilitar o deslocamento das crianças diariamente e envolveram a comunidade nessa prática de ocupar esses lugares, ampliando as experiências culturais, sociais e comunitárias.

Essas propostas foram aprofundadas na formação continuada dos profissionais, no diálogo e no envolvimento das famílias nas práticas da escola. Dessa forma, as experiências de estar com e na natureza foram ganhando mais espaço. O projeto "Vamos passear na floresta!: experiências de encontro com a natureza para a educação infantil" buscou proporcionar momentos ao ar livre com o encantamento que caminhar em uma trilha proporciona. Iniciou-se no CEAES e, com o tempo, passou a acontecer também no Parcão, mesmo com outro formato, contextualizado com a história do lugar. Essas vivências ocorrem no CEAES, no Parcão ou no Parque do Trabalhador, mais uma área verde e de preservação ambiental, que também abriga uma de nossas escolas.

Considerando que as crianças são colecionadoras, muitas atividades de coletar elementos na natureza passaram a fazer parte das experiências vividas e oportunizadas às crianças, não só no projeto, mas pelas escolas que organizam tais momentos em locais diferentes na cidade. Com lupas (algumas feitas com CDs), binóculos (feitos com rolos de papel), sacolas

---

[7] O Parcão é uma unidade de conservação (UC) classificada como área de relevante interesse ecológico (ARIE), que se caracteriza por ser uma floresta urbana.

recicláveis (confeccionadas com sacos de ração ou retalhos de tecidos doados por empresas parceiras), caixas de papelão (às vezes grandes e outras vezes pequenas) ou outros materiais, as crianças são convidadas a adentrar as trilhas.

Esses locais permitem aos adultos e às crianças parar para ouvir os pássaros; observar as árvores; conhecer e pintar o rosto com o pigmento do urucum; imaginar o lobo-guará passeando pela floresta; abaixar-se e aguardar se a preá vai aparecer no caminho; dar comida aos peixes do açude; subir e se balançar nos cipós e balanços criados com panos nas árvores; juntar o que está no chão e escolher, eleger critérios para organizar sua coleção e elaborar uma investigação; olhar para o céu; sentir o calor do sol. As caminhadas são feitas sempre em trilhas que considerem as características das crianças, com a intenção de proporcionar a experiência de estar no lado de fora e conhecer o mundo natural, porque elas também são natureza.

Uma vez que existe a imagem tão forte do lobo como um animal mau, as crianças são convidadas a conhecer o lobo-guará, que faz parte da fauna regional. Assim, percebem que não há animal bom ou mau, mas todos fazem parte de um equilíbrio natural muito importante. Além de proporcionar essas experiências em locais públicos, com maior extensão e diversidade natural, os professores as organizam nos pátios das escolas, às vezes criando contextos para isso ou apenas para que as crianças vivam tudo o que ali existe para contemplar, aprender sobre a beleza da natureza e gostar dela, além de proporcionar caminhadas ao ar livre pelo entorno das escolas com as crianças e suas comunidades para observar, contemplar, perceber.

Temos incentivado e oportunizado a continuidade das experiências no e pelo corpo por adultos e crianças da RME/NH na relação com e na natureza por acreditarmos que é uma trilha que não se esgota. A partir das importantes reflexões que fizemos, assumimos como objetivo da rede que as crianças vivam a natureza em sua plenitude, beleza e mistérios. Com isso, na continuidade das reflexões na RME/NH, a educação infantil assumiu uma marca identitária. Além de pensar sobre as condições de brincar em espaços internos (organização da sala referência em espaços circunscritos, brinquedos e jogos, materiais estruturados e não estruturados), ampliamos a reflexão sobre as condições para brincar nos espaços externos.

A qualidade dos materiais ofertados nos pátios tornou-se tão importante quanto realizar a substituição gradual dos brinquedos de parque por aqueles confeccionados com materiais mais nobres, como a madeira. Além disso, aprofundamos a noção de que qualificar os pátios escolares para o estar do lado de fora, despertando o encantamento das crianças pela vida e pela natureza, era crucial. Dessa forma, elaborou-se uma proposta de composição desses espaços inspirada em referências teóricas, iniciada pela equipe de educação infantil da SMED/NH, aprimorada durante as formações com todos os profissionais da rede e constantemente atualizada, conforme apresenta o Quadro 5.1.

QUADRO 5.1 Proposta de composição do pátio para as escolas de educação infantil da RME/NH

1. **Árvores:** sombra, frutíferas, perenes ou caducifólias (perdem as folhas na estação fria); trepadeiras em cercas ou muros – possibilidade de interação
2. **Pássaros:** quais árvores frequentam? Há tratadores? Há espaço para água com banho?
3. **Jardim:** flores com perfume; flores coloridas; ervas aromáticas; plantas sensitivas; texturas; sons
4. **Horta:** no chão; suspensa; composteira
5. **Posição solar:** local da horta; da caixa de areia; espiral de ervas; túneis vivos; labirinto de plantas
6. **Amplitude do olhar para além do pátio:** a altura do muro permite que as crianças vejam o movimento da cidade? Outras paisagens? É possível brincar, estar ao ar livre e desfrutar da natureza, fazer trilhas, acessando outros pátios, terrenos ou praças próximas?
7. **Pedras:** grandes; coloridas; cascalho
8. **Espaços:** brincar barulhento e ativo; brincar calmo e pensativo (cantinho secreto); declives são aproveitados ou criados? Caixa de areia; grama; chão batido; túneis; pérgola; trilhas e caminhos; quiosque; lago; fontes
9. **Brinquedos e equipamentos:** brinquedos de larga escala e não estruturados (tecidos, madeirinhas, cordas, caixas...); pracinha; casinha; brinquedos de areia e água; material de jardinagem; tocos de árvores; bancos; objetos móveis (as crianças podem interferir na paisagem?); cabanas

(Continua)

QUADRO 5.1 Proposta de composição do pátio para as escolas de educação infantil da RME/NH *(Continuação)*

10. Desafios: falsa baiana; rampas; escadas; escalada
11. Presença de animais: aves, insetos, peixes, tartarugas, outros.
12. Água: cisterna; torneira externa acessível às crianças; capas de chuva; botas impermeáveis; guarda-chuva

Fonte: Novo Hamburgo (2020, p. 84).

Com esse processo de reflexão, tomamos consciência do que realmente é significativo oferecer e ser vivido no espaço externo pelas crianças, do tempo de permanência delas no "lado de fora", e compreendemos que a sala não é o único lugar onde a aprendizagem acontece. Entendemos que estar fora da sala significa alargar as possibilidades de conhecer e dialogar com o mundo, por meio da experiência vivida, ampliando as possibilidades para a investigação e as experiências.

Atualmente, os espaços externos das EMEIs são ricos em materiais não estruturados e elementos naturais que possibilitam a curiosidade, a investigação e a brincadeira pelas crianças, como tijolos, madeiras, caixas, pedras, cordas, terra, areia, tecidos, galhos, troncos e tocos, água, túneis, desníveis. A qualificação permanente dos pátios foi se tornando crucial e, em muitas EMEIs, a relação da criança com e na natureza é vista como ponto forte das propostas da escola. Temos instituições nas quais terrenos arenosos e, inicialmente, considerados pequenos, gradualmente foram transformados e ganharam espaços de contato com e na natureza, o que, em certa medida, parecia impossível. Há plantio de árvores, criação de hortas, túneis vivos, espaços com grama.

Acreditamos que a maior riqueza que podemos oferecer às memórias de infância das crianças da nossa cidade é oportunizar a elas acampar de verdade ou na ficção, fazer "comidinha" com barro e água das próprias cisternas, construídas em muitas escolas, em parceria com a Companhia Municipal de Saneamento (Comusa), manipular materiais variados, como tijolos e tábuas, que instigam a curiosidade e permitem confeccionar diferentes estruturas.

Nesse percurso, outras ações e propostas contribuíram para a qualificação dos pátios e da relação das crianças e dos adultos com e na natureza, entre elas, a organização de sessões de cinema seguidas de debates com as famílias e profissionais da escola. Foram assistidos os filmes *Tarja branca*, *Sementes do nosso quintal*, *Território do brincar* e *O começo da vida*.

A mostra fotográfica "Criança e natureza, criança é natureza", em parceria com o Instituto Alana e o fotógrafo Joel Reichert, circulou pelo município de Novo Hamburgo, e, em 2017, foi realizado o seminário "Criança e natureza: infâncias e naturezas", no Rio de Janeiro. Práticas das EMEIs foram publicadas no livro *Desemparedamento da infância: a escola como lugar de encontro com a natureza* (BARROS, 2018), lançado em São Paulo, com relato de experiência da RME/NH, e publicado nas redes sociais e nas páginas do Facebook Programa Criança e Natureza, e Ser Criança é Natural.

Enfrentamos obstáculos diferentes nesse percurso, referentes à maneira como os profissionais das escolas se relacionam com a vida lá fora ou aos formatos e características dos terrenos de cada instituição. Uma escola, por exemplo, tinha um morro de terra no pátio, provavelmente formado por restos da construção do prédio. Desse morro, brotavam diferentes materiais, alguns perigosos para as crianças, como vidros e restos de cerâmica.

A partir das formações propostas pela SMED/NH, reflexões e ações internas envolvendo os profissionais e as famílias, o morro passou por uma limpeza, feita em um mutirão, com a participação da comunidade escolar, e, aos poucos, pôde ser usado pelas crianças. Hoje, possui um escorregador, escalada de pneus, com corda de apoio para subir até o topo, corda para se pendurar e saltar, trilha com mureta de tocos para caminhar no topo do morro, chegar à casa da floresta em volta da árvore e descer no escorregador. Usufruir desse espaço e dos desafios que ele oferece ao desenvolvimento motor pode ser muito rico para as crianças.

Essa mesma escola aproveitou um terreno contíguo ao pátio, com muitas plantas, e que era utilizado como depósito de lixo pela comunidade. O espaço também passou por um processo de transformação a partir da compreensão de profissionais e famílias de quão importante é ampliar e qualificar os espaços externos para as crianças, e de que esses espaços no entorno da escola e na cidade podem e devem ser buscados na comunidade e junto com ela.

Hoje esse lugar é chamado de floresta pelas crianças, e, mesmo limpo, também precisou de muita atenção das professoras, pois, em suas experiências de escavação, as crianças encontravam cacos de vidro e de outros materiais que precisaram ser retirados, o que não impossibilitou que fosse ocupado. Além de tudo isso, refletir sobre o uso e o consumo de materiais tóxicos, que levam anos para se decompor ou que pouco oferecem às crianças em termos sensoriais e táteis, como EVA, balões, TNT, também está relacionado a todo esse processo de conscientização sobre a relação com e na natureza na nossa rede.

O uso de descartáveis foi repensado e gradualmente substituído por materiais reutilizáveis e confeccionados em vidro, cerâmica, metal, madeira e tecido. Ainda, algumas práticas, até então comuns nas escolas, como usar PET para confeccionar brinquedos, construir canteiros no jardim, pintar garrafas, por exemplo, foram revistas, pois são usos que aparentemente se propõem a reutilizar ou reciclar materiais plásticos, mas acabam inviabilizando a reciclagem.

Quando adentramos a trilha na floresta, às vezes, se faz necessário afastar alguns galhos que obstruem o caminho, desviar de pedras ou buracos, subir e descer terrenos mais acidentados. Tudo isso são desafios inerentes ao caminhar, ao percurso.

Em sentido figurado, esses galhos, por vezes, são representados por adultos de certa forma mais descrentes, resistentes ou desconectados com esse estar com e na natureza; por famílias que se mostram inseguras ou desafiadas pelo trabalho de limpar roupas marcadas pela terra, pela água, pelo vivido do lado de fora ou ainda pela dificuldade de transformar espaços cobertos pelo concreto em lugares de vida, onde a terra pode passar a ser o lugar mais rico para as brincadeiras das crianças.

A cada passo, avançamos um pouco mais, tendo a certeza de que esse é um caminho sem fim, no sentido de que quanto mais adentramos, mais nos envolvemos, tanto na trilha quanto no processo formativo, na busca da compreensão cada vez mais aprofundada sobre o brincar e o estar com e na natureza, para adultos e crianças.

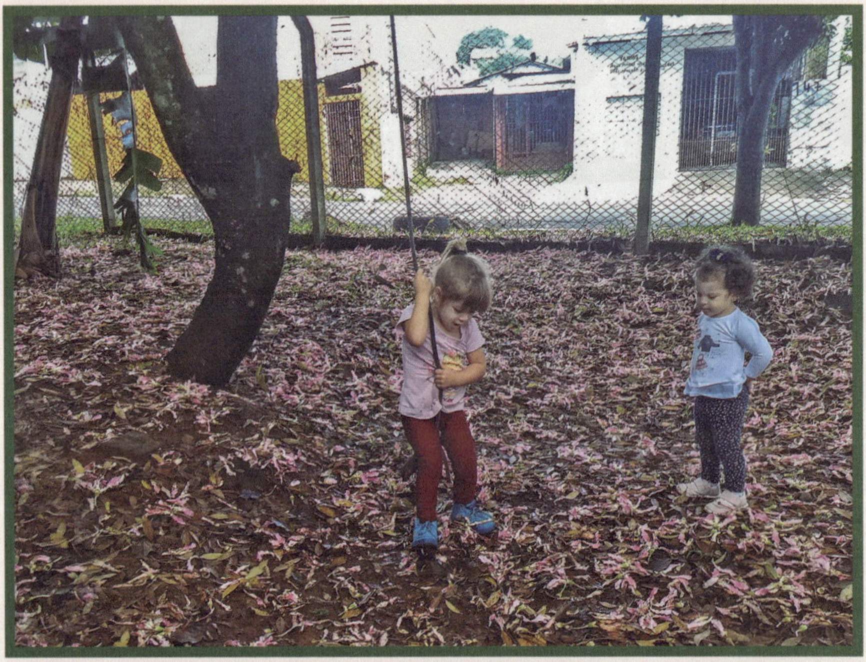

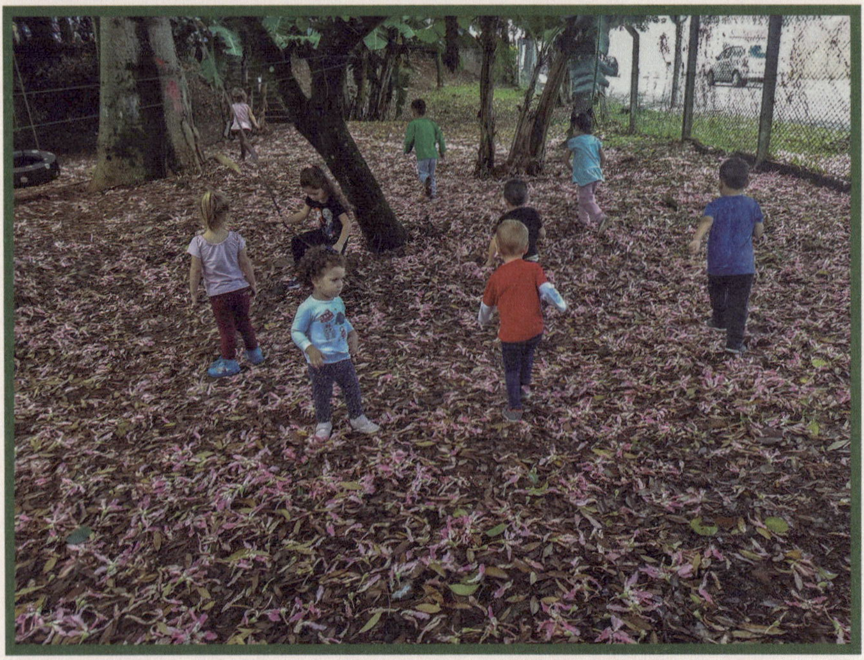

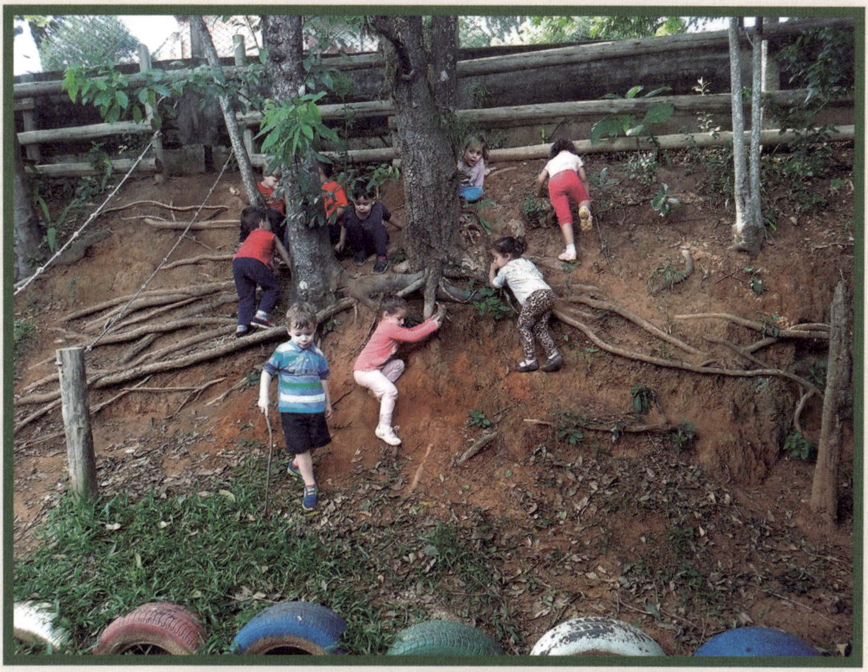

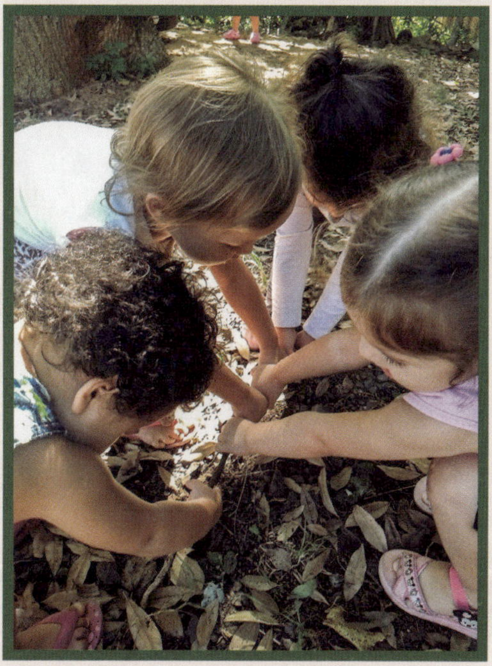

FIGURA 5.5 Escola Municipal de Educação Infantil Arca de Noé.
Fonte: Imagens gentilmente cedidas pela professora Alessandra Chaves.

FIGURA 5.6 Escola Municipal de Educação Infantil Chapeuzinho Vermelho.
Fonte: Imagens gentilmente cedidas por Luana Maria Moura de Oliveira Wingert.

FIGURA 5.7 Escola Municipal de Educação Infantil João de Barro.
Fonte: Imagem gentilmente cedida por Lidiele Oliveira Jung.

FIGURA 5.8 Espaço Pedagógico Centro de Educação Ambiental Ernest Sarlet.
Fonte: Imagens gentilmente cedidas por Janaína Cardoso Ramos.

CONSIDERAÇÕES FINAIS

Após esses relatos, consideramos importante analisar os passos dados na construção do trabalho das duas redes. Vale destacar que as mudanças não aconteceram de uma hora para outra, nem partiram de uma decisão unilateral dos gestores públicos. Três pilares sustentaram inicialmente esses processos: o diagnóstico da realidade obtido pela escuta e observação do que as crianças necessitavam, a vontade política dos gestores para efetivar mudanças que fossem ao encontro das necessidades das crianças e a consideração de um referencial teórico que sustentasse toda a construção do processo. Esse referencial foi composto, inicialmente, pelas DCNEIs e pela BNCC.

Nessas experiências, o grande desafio era reorganizar os espaços externos, considerando, principalmente, a necessidade das crianças de vivenciarem a natureza de um modo prazeroso e promotor de qualificadas aprendizagens, dando destaque às interações e brincadeiras, eixos estruturantes das DCNEIs.

O planejamento de estratégias para dar início ao processo e garantir sua continuidade se pautou inicialmente na criação de equipes intersetoriais, entendendo que é fundamental olhar as crianças em suas diferentes dimensões: física, emocional, psicológica e sociológica. Em consequência disso, era fundamental subsidiar teoricamente todos os envolvidos, como gestores, professores, coordenadores, equipes de apoio das instituições, o que resultou na organização de seminários, jornadas de estudos e na própria formação em serviço, que buscou prioritariamente dar suporte teórico para as mudanças propostas.

Um destaque importante a considerar também foi o envolvimento da comunidade, das famílias e do próprio poder público. Se usássemos uma metáfora, poderíamos afirmar que as paredes das instituições foram derrubadas, dando lugar à amplitude dos espaços, mesmo aqueles que fisicamente se encontravam longe delas.

Finalmente, consideramos de grande relevância destacar que essas duas experiências trilharam caminhos diferentes, mas em ambas pudemos constatar uma construção que não teve etapas estanques, mas se caracterizaram pela continuidade e, principalmente, pela constante realimentação do processo vivido.

Posfácio

Procrastinei meses para escrever este Posfácio, pois tinha a sensação de que concluir este livro seria como colocar um ponto-final na relação que havia construído com a Graça ao longo de mais de 50 anos. Foi preciso tempo e muitas conversas, especialmente com o Paulo, autor do Prefácio, e a Cláudia, minha editora, que me ajudaram a ressignificar esse afeto e transformá-lo em um momento de rememorar a história de escrita desta obra e também a história de uma parceria de vida.

Este livro começou a ser pensado alguns anos atrás, logo depois de a Gracinha ter publicado o livro *Brincar e interagir nos espaços da escola infantil*. Conversamos que parecia inaceitável que, em um país tropical, com tantos dias ensolarados e pátios com árvores, água, barro, areia, flores, as crianças, desde bebês, ficassem tanto tempo dentro das quatro paredes das salas. Nos perguntávamos por que motivo professores, gestores e familiares consideravam que a educação das crianças, especialmente os objetivos da educação infantil somente poderiam ser atingidos em ambientes internos. Havíamos aprendido em nossas viagens, vivências, e também na literatura, que as grandes aprendizagens acontecem em diferentes momentos da vida cotidiana das crianças e podem ser realizadas em vários lugares, nos contatos diversos que elas têm com o mundo – e tudo aquilo que ele nos oferece – e com as outras pessoas. Porém ambas estávamos muito ocupadas naquele momento, e o sonho ficou em aberto. Sabíamos que em algum momento teríamos o tempo necessário para escrevê-lo.

Conheci a Maria da Graça, a Gracinha, quando era criança, eu devia ter uns 5 anos quando ela foi passar férias na casa da madrinha, que era minha vizinha. Lembro dela como uma mocinha linda e muito, muito querida e atenciosa. Quando lembrávamos desse episódio, ela sempre se referia a mim como uma menina levada que atravessava, por uma pequena abertura, a cerca viva que separava uma casa da outra. Anos depois, quando estava fazendo o curso normal, soube que haveria um Seminário de Educação Pré-escolar no Instituto de Educação General Flores da Cunha, nossa escola normal de Porto Alegre. Lá descobri que a Graça era a diretora da Escola de Educação Infantil que ficava ao lado do prédio do Instituto, assim, adultas, voltamos a nos reencontrar.

Muitos anos depois ingressei na Faculdade de Educação (Faced) da Universidade Federal do Rio Grande do Sul (UFRGS) e começamos a trabalhar juntas. Compartilhávamos a mesma sala, que ela cuidava com o maior esmero, e, como tínhamos muitas ideias aproximadas, nos tornamos cada vez mais próximas. Continuávamos assim uma antiga amizade entre famílias. Fizemos pesquisas, vídeos, materiais didáticos, demos aulas e orientamos muitas estagiárias. Nesse trabalho de orientação, começamos a trabalhar com a qualificação dos espaços educativos, com a desconstrução das rotinas rotineiras, com projetos e muitos outros temas pedagógicos da educação infantil. A Graça atuou como docente e chefe de Departamento na Faced – creio que o DEE nunca esteve tão limpo e organizado, e as festas de final de ano organizadas por ela e pela Roseli estarão sempre em nossas memórias afetivas. A Graça era uma apaixonada por champanhe e charutos. A vida com ela era sempre cheia de imprevistos e comemorações!

Em meados dos anos 2000, a Maria da Graça entrou em licença de saúde para o tratamento de um câncer de intestino. Estava animada com o prognóstico e sugeriu que, como tínhamos tantos materiais sobre projetos, poderíamos escrever um livro sobre o tema. Passamos um ano nos visitando, algumas vezes ficando em imersão uma na casa da outra, para finalizar o texto. O livro saiu e foi muito bom ver tantas colegas professoras estudando e realizando projetos com bebês e crianças por este Brasil afora.

Em março de 2020 a Graça me ligou, contou que havia feito alguns exames e que o câncer havia reincidido, agora no pâncreas. Disse que iria fazer um tratamento longo e difícil, que precisava de algo a mais para animá-la. Quem sabe retomávamos a ideia de escrever o livro sobre os espaços abertos, afinal, no outro tratamento, essa havia sido uma incitação à vida. Esboçamos um sumário e, mesmo a distância, começamos a escrita. O ano de 2020 foi difícil para todos, em alguns momentos conseguíamos produzir muito, em outros, por motivos diversos, abandonávamos um pouco a escrita. O livro foi para a Graça um modo de ocupar o tempo, mas também um momento de novamente contribuir para uma educação infantil de qualidade, mostrando que esta precisa oferecer maior liberdade de movimento e de escolha para as crianças e que os ambientes externos e o contato com a natureza são fundamentais para o desenvolvimento humano.

Para mim, foi uma oportunidade de estar mais perto dessa querida amiga-irmã. Ao longo do ano, apesar da pandemia, fui até a sua casa para conversarmos, escolher fotos, rever o material. O livro foi sendo finalizado, mas ela não teve tempo de vê-lo pronto. Sua publicação é uma homenagem a esta Professora, com P maiúsculo, que formou muitas outras professoras, que dedicou sua energia, sua alegria, seu olhar ético e estético à pequena infância e à educação infantil. Querida, partiste, mas tua lembrança e teus escritos seguirão comigo e com todos os que te leram e conviveram contigo, sendo assim transformados. Em breve nos encontraremos, pois as amigas sempre *se encontram nas praias dos mundos sem fim.*

A Beira-mar
Rabindranath Tagore

As crianças se encontram nas praias dos mundos sem fim.

O céu infinito está imóvel lá em cima e a água inquieta está revolta.
Na praia dos mundos sem fim, as crianças se encontram entre gritos e danças.

Constroem as suas casas de areia e brincam com suas conchas vazias.
Tecem de folhas secas os seus botes e, sorrindo, os largam a flutuar no vasto mar.
As crianças se divertem na praia dos mundos.

Não sabem nadar, não sabem lançar redes.
Os pescadores de pérolas mergulham em busca de pérolas,
os mercadores navegam em seus navios,
enquanto as crianças recolhem seixos e os espalham de novo.
Não procuram tesouros escondidos, nem sabem lançar redes.

O mar explode entre gargalhadas, e, pálido, brilha o sorriso do mar-praia.
As ondas que trazem a morte e cantam para as crianças baladas sem sentido,
tal a mãe que embala o berço de seu filho.
O mar brinca com as crianças, e, pálido, fulgura o sorriso da praia do mar...

As crianças se encontram na praia dos mundos sem fim.
A tempestade vagueia pelo céu sem caminhos; naufragam navios nos ínvios mares;
a morte anda às soltas, e as crianças brincam.
Na praia dos mundos sem fim é que se dá o grande encontro das crianças.

(tradução livre com base no original em inglês e em duas versões encontradas na internet)

Maria Carmen Silveira Barbosa

Referências

ARENDT, H. *Entre o passado e o futuro*. 5. ed. São Paulo: Perspectiva, 2003.

ARENDT, H. *A condição humana*. Rio de Janeiro: Forense Universitária, 1981.

AZEVEDO, V. Will Steffen: "Há um enorme vazio legal na forma como gerimos o nosso relacionamento com o Sistema Terrestre". *Expresso,* 2020. Disponível em: https://expresso.pt/sociedade/2020-09-23-Will-Steffen-Ha-um-enorme-vazio-legal-na-forma-como-gerimos-o-nosso-relacionamento-com-o-Sistema-Terrestre. Acesso em: 1 jun. 2020.

BARBOSA, M. C. S. *Por amor e por força:* rotinas na educação infantil. 2000. Tese (Doutorado) – Faculdade de Educação, Universidade Estadual de Campinas, Campinas, 2000.

BARBOSA, M. C. S. *Por amor e por força:* rotinas na educação infantil. Porto Alegre: Artmed, 2006.

BARROS, M. I. A. (org.). *Desemparedamento da infância:* a escola como lugar de encontro com a natureza. 2. ed. Rio de Janeiro: Alana, 2018.

BATESON, G. *Espíritu y naturaleza*. Buenos Aires: Amorrortu, 2006.

BONDIOLI, A.; MANTOVANI, S. (org.). *Manual de educação infantil:* de 0 a 3 anos. 9. ed. Porto Alegre: Artmed, 1998.

BRASIL. [Constituição (1988)]. *Constituição da República Federativa do Brasil de 1988*. Brasília: Presidência da República, [2021]. Disponível em: http://www.planalto.gov.br/ccivil_03/constituicao/constituicao.htm. Acesso em: 18 abr. 2021.

BRASIL. Lei nº 9.394, de 20 de dezembro de 1996. Estabelece as diretrizes e bases da educação nacional. *Diário Oficial [da] República Federativa do Brasil:* seção 1, Brasília, ano 134, n. 248, p. 1–9, 23 dez. 1996.

BRASIL. Lei nº 9.795, de 27 de abril de 1999. Dispõe sobre a educação ambiental, institui a Política Nacional de Educação Ambiental e dá outras providências. *Diário Oficial [da] República Federativa do Brasil:* seção 1, Brasília, ano 137, n. 79, p. 1–3, 28 abr. 1999.

BRASIL. Ministério da Educação. *Base Nacional Comum Curricular*. Brasília: MEC, 2018a.

BRASIL. Ministério da Educação. *Brinquedos e brincadeiras de creche:* manual de orientação pedagógica. Brasília: MEC, 2012a.

BRASIL. Ministério da Educação. *Campos de experiências:* efetivando direitos e aprendizagens na educação infantil. São Paulo: Fundação Santillana, 2018b.

BRASIL. Ministério da Educação. Conselho Nacional de Educação. *Parecer CNE/CEB nº 20/2009*. Revisão das Diretrizes Curriculares Nacionais para a Educação Infantil. Brasília: MEC, 2009a. Disponível em: http://portal.mec.gov.br/index.php?option=com_docman&view=download&alias=2097-pceb-020-09&category_slug=dezembro-2009-pdf&Itemid=30192. Acesso em: 18 abr. 2021.

BRASIL. Ministério da Educação. Conselho Nacional de Educação. *Parecer CNE/CP nº 14/2012*. Diretrizes Curriculares Nacionais para a Educação Ambiental. Brasília: MEC, 2012b. Disponível em: http://portal.mec.gov.br/index.php?option=com_docman&view=download&alias=10955-pcp014-12&Itemid=30192. Acesso em: 18 abr. 2021.

BRASIL. Ministério da Educação. Conselho Nacional de Educação. Resolução nº 2, de 15 de junho de 2012. Estabelece as Diretrizes Curriculares Nacionais para a Educação Ambiental. *Diário Oficial da União:* seção 1, Brasília, ano 149, n. 116, p. 70–71, 18 jun. 2012c.

BRASIL. Ministério da Educação. Conselho Nacional de Educação. Resolução nº 5, de 17 de dezembro de 2009. Fixa as Diretrizes Curriculares Nacionais para a Educação Infantil. *Diário Oficial da União:* seção 1, Brasília, ano 146, n. 242, p. 18–19, 18 dez. 2009b.

BRASIL. Ministério da Educação. Secretaria de Educação Básica. *Diretrizes Curriculares Nacionais para a educação infantil*. Brasília: MEC, 2010.

BROUGÈRE, G.; ULMANN, A. (org.). *Aprender pela vida cotidiana*. Campinas: Autores Associados, 2012. (Formação de Professores).

BROWN, F. Playwork: ambientes de brincadeira. In: BROCK, A. et al. *Brincar:* aprendizagem para a vida. Porto Alegre: Penso, 2011. p. 281–298.

BUITONI, D. S. *De volta ao quintal mágico:* a educação infantil da Te-Arte. São Paulo: Ágora, 2006.

BUITONI, D. S. *Quintal mágico:* educação-arte na pré-escola. São Paulo: Brasiliense, 1988.

BUBER, M. *O socialismo utópico*. São Paulo: Perspectiva, 1971.

BRUNER, J. *La educación, puerta de la cultura*. Madrid: Visor, 1997.

CAMBI, F. *História da pedagogia*. São Paulo: UNESP, 1999.

CAMPOS, M. M.; ROSEMBERG, F. *Critérios para um atendimento em creches que respeite os direitos fundamentais das crianças*. 2. ed. Brasília: MEC/SEB, 2009.

CAPRA, F. et al. *Alfabetização ecológica:* a educação das crianças para um mundo sustentável. São Paulo: Cultrix, 2006.

CARRUTHERS, E. As experiências das crianças ao ar livre: um sentimento de aventura? *In:* MOYLES, J. et al. *Fundamentos da educação infantil:* enfrentando o desafio. Porto Alegre: Artmed, 2010.

CASSIRER, E. *A filosofia das formas simbólicas:* o pensamento mítico. São Paulo: Martins Fontes, 2004. v. 1.

COHN, C. *Antropologia da criança.* Rio de Janeiro: Zahar, 2005.

COHN, C. A experiencia da infância e o aprendizado entre os Xikrin. *In:* SILVA, A. L.; MACEDO, A. V. L. S.; NUNES, A. (org.). *Crianças indígenas:* ensaios antropológicos. São Paulo: Global; FAPESP, 2002. p. 117–149.

CONTRERAS DOMINGO, J.; PÉREZ DE LARA FERRÉ, N. (comp.). *Investigar la experiencia educativa.* Madrid: Morata, 2010.

COURTINE-DENAMY, S. *O cuidado com o mundo*: diálogo entre Hannah Arendt e alguns contemporâneos. Belo Horizonte: UFMG, 2004.

CORNELL, J. *Vivências com a natureza*: guia de atividades para pais e educadores. São Paulo: Aquariana, 2008.

CUNHA, G. C. Dicas: Recanto da natureza. *Revista Pátio Educação Infantil*, ano 8, n. 25, p. 24-25, 2010. Infância e consciência ecológica.

CUNHA, G. C. Dicas: Recanto da natureza. *Revista Pátio Educação Infantil*, ano 9, n. 26, p. 24-25, 2011. Saúde e bem-estar na educação infantil.

DANOWSKI, D.; CASTRO, E. V. *Há mundo por vir?:* ensaio sobre os medos e os fins. Florianópolis: Cultura e Barbárie, 2014.

DUBOVIK, A.; CIPPITELLI, A. *Construção e construtividade:* materiais naturais e artificiais nos jogos de construção: São Paulo: Phorte, 2018.

EMDRUP junk playground. *In:* WIKIPEDIA [2020]. Disponível em: https://en.wikipedia.org/wiki/Emdrup_Junk_Playground. Acesso em: 18 abr. 2021.

FEDRIZZI, B. M. *Paisagismo no pátio escolar.* Porto Alegre: Editora da UFRGS, 1999.

FERNANDES, F. Aspectos na educação da sociedade Tupinambá. *In:* SCHADEN, E. (org.). *Leituras de etnologia brasileira.* São Paulo: Companhia Editora Nacional, 1976. p. 68–86.

FOCHI, P. S. A didática dos campos de experiência. *Revista Pátio Educação Infantil*, ano 14, n. 49, p. 4-7, 2016. Campos de experiência educativa.

FOCHI, P. S. *A documentação pedagógica como estratégia para a construção do conhecimento praxiológico:* o caso do Observatório da Cultura Infantil - OBECI. 2019. Tese (Doutorado em Educação) – Faculdade de Educação, Universidade de São Paulo, São Paulo, 2019.

FOCHI, P. S. Ludicidade, continuidade e significatividade nos campos de experiência. *In:* FINCO, D.; BARBOSA, M. C. S.; FARIA, A. L. G. (org*.*). *Campos* *de experiência na escola da infância:* contribuições italianas para inventar um currículo de educação infantil brasileiro. Campinas: Leitura Crítica, 2015. p. 221–232.

FORTUNATI, A. *A abordagem de San Miniato para a educação das crianças:* protagonismo das crianças, participação das famílias e responsabilidade da comunidade por um currículo do possível. Pisa: Edizioni ETS, 2014.

GARCÉS, M. *Nueva ilustración radical.* Barcelona: Anagrama, 2017.

GUILLÉN DE REZZANO, C. *Los jardines de infantes:* su origen, desarrollo, difusión: organización y métodos a través de sus creadores y divulgadores. Buenos Aires: Kapelusz, 1940.

HABERKON, R. ¿Nacemos libres?: crecer hoy. *Infancia en Europa*, v. 18, p. 8, 2010. El sentido del lugar: contextos, comunidad y servicios para los más pequenos.

HADDAD, L. *A ecologia do atendimento infantil:* construindo um modelo de sistema unificado de cuidado e educação. 1997. Tese (Doutorado em Educação) – Faculdade de Educação, Universidade de São Paulo, São Paulo, 1997.

HADDAD, L. Compreensões de práticas pedagógicas em educação infantil: olhares sobre o ambiente de um centro infantil de idades integradas na Dinamarca. *Educação Unisinos,* v. 24, 2020.

HADDAD, L.; HORN, M. G. S. Mais do que um lugar para gastar energia. *Revista Pátio Educação Infantil,* ano 11, n. 34, 2013. Educação infantil e espaço externo: um convite para aprender prazerosamente.

HOLM, A. M. *Eco-arte com crianças.* São Paulo: Ateliê Carambola, 2015.

HOLT, M. A ideia da slow school: é hora de desacelerar a educação? *In:* CAPRA, F. et al. *Alfabetização ecológica:* a educação das crianças para um mundo sustentável. São Paulo: Cultrix, 2006. p. 84–91.

HORN, M. G. S. *Brincar e interagir nos espaços da escola infantil.* Porto Alegre: Penso, 2017.

HORN, M. G. S. *Projeto de fortalecimento institucional das secretarias municipais de educação na formulação e implementação da política municipal de educação infantil:* estudo propositivo sobre a organização dos espaços externos das unidades do Proinfância em conformidade com as orientações desse programa e as Diretrizes Curriculares Nacionais para a educação infantil (DCNEI) com vistas a subsidiar a qualidade no atendimento. Brasília: MEC/SEB, 2014.

HUTCHISON, D. *Educação ecológica:* idéias sobre consciência ambiental. Porto Alegre: Artmed, 2000.

INGOLD, T. O dédalo e o labirinto: caminhar, imaginar e educar a atenção. *Horizontes Antropológicos,* v. 21, n. 44, p. 21–36, 2015. Disponível em: http://

www.scielo.br/pdf/ha/v21n44/0104-7183-ha-21-44-0021.pdf. Acesso em: 18 abr. 2021.

IGNACIO, R. K. *Criança querida:* o dia a dia da educação infantil. São Paulo: Antroposófica, 2014.

JAUME, M. A. R. O ambiente e a distribuição de espaços. *In:* ARRIBAS, T. L. *et al. Educação infantil:* desenvolvimento, currículo e organização escolar. 5. ed. Porto Alegre: Artmed, 2004. p. 363–383.

JENSEN, C. Entrevista: lições e descobertas ao ar livre. *Revista Pátio Educação Infantil*, ano 11, n. 34, p. 16-20, 2013. Educação infantil e espaço externo: um convite para aprender prazerosamente.

JENSEN, C. Los pequeños y la vida al aire libre em el norte. *Infancia en Europa*, v. 19, p. 17–19, 2010. Jugar en el exterior: ¿por qué és importante?

JENSEN, J. J.; HADDAD, L. O programa de formação de pedagogos na Dinamarca: especialização em pedagogia da primeira infância. *Poiésis*, v. 12, n. 21, p. 9–31, 2018.

JOINVILLE. Secretaria de Educação. *Diretriz municipal de educação infantil de Joinville*. Joinville: SEC, 2019. Disponível em: https://www.joinville.sc.gov.br/wp-content/uploads/2019/08/Diretriz-Municipal-de-Educa%C3%A7%C3%A3o-Infantil-de-Joinville-16062020.pdf. Acesso em: 18 abr. 2021.

KÁLLÓ, É.; BALOG, G. *As origens do brincar livre*. São Paulo: Omnisciência, 2017.

KOCH, D. *Desafios da educação infantil*. São Paulo: Loyola, 1985.

KREMER, C. *"Quem é grande é que sabe alguma coisa, mas quem é pequeno é que sabe coisa nova todo dia":* as versões das crianças sobre aprender na pré-escola. 2019. Dissertação (Mestrado em Educação) – Faculdade de Educação, Universidade Federal do Rio Grande do Sul, Porto Alegre, 2019.

LANZ, R. *A pedagogia Waldorf:* caminho para um ensino mais humano. São Paulo: Summus, 1979.

LARROSA, J. Experiência e alteridade em educação. *Revista Reflexão e Ação*, v. 19, n. 2, p. 4–27, 2011.

LATOUR, B. *Diante de Gaia:* oito conferências sobre a natureza no Antropoceno. São Paulo: Ubu, 2020.

LAVE, J.; WENGER, E. *Situated learning:* legitimate peripheral participation. Cambridge: Cambridge University, 1991.

LIMA, M. S. *A cidade e a criança*. São Paulo: Nobel, 1989. p. 102.

LOUV, R. *A última criança na natureza:* resgatando nossas crianças do transtorno do deficit de natureza. São Paulo: Aquariana, 2016.

MARINHO, H. *Vida e educação no jardim de infância*. 3. ed. Rio de Janeiro: Conquista, 1967.

MEIRIEU, P. *Referents per a un món sense referents*. Barcelona: Associació de Mestres Rosa Sensat, 2004.

MELO, R. M. B. *É brincando que se aprende*: a experiencia da Te-Arte na educação infantil. Curitiba: Appris, 2015.

MILIORANÇA, A.; MILIORANÇA, A.; ROCHA, T. Com que roupa eu vou pra chuva? *Revista Avisa Lá*, n. 64, p. 16–22, 2015.

MIRA LÓPEZ, L.; HOMAR, A. M. *Educación pre-escolar*: su evolución en Europa, en América y especialmente en la República Argentina. Buenos Aires: Ciordia y Rodrígues, 1948.

NOVO HAMBURGO. Secretaria Municipal de Educação. *Organização da ação pedagógica*: educação infantil: documento orientador: caderno 2. Novo Hamburgo: SMED, 2020.

OPHULS, W. *A vingança de Platão*: política na era da ecologia. São Paulo: SESC, 2017.

OWEN, R.; PANCERA, C. *L'armonia sociale*: saggi sull'educazione. Scandicci: La Nuova Italia, 1994.

PEREIRA, M. A. P. *Casa Redonda*: uma experiência em educação. São Paulo: Livre, 2013.

PIKLER, E. *Moverse en libertad*: desarrollo de la motricidad global. Madrid: Narcea, 1984.

PIORSKI, G. *Brinquedos do chão*: a natureza, o imaginário e o brincar. São Paulo: Peirópolis, 2016.

PLAISENCE, É. *Pauline Kergomard et l'école maternelle*. Paris: PUF, 1996.

REVAH, D. As pré-escolas alternativas. *Cadernos de Pesquisa*, n. 95, p. 51–62, 1995.

RIMONDI, A. *Gaia scienza*: teatro di animazione ecologica dalla scuola di base. Bergamo: Edizioni Junior, Azzano SanPaolo, 2003. v. 2.

RITSCHER, P. *Escola slow*: pedagogia del quotidià. Barcelona: Rosa Sensat, 2013.

ROGOFF, B. *A natureza cultural do desenvolvimento humano*. Porto Alegre: Artmed, 2005.

SARMENTO, M. J. Construir a educação infantil na complexidade do real. *Revista Pátio Educação Infantil*, ano 10, n. 32, p. 4-7, 2012. Educação infantil na sociedade contemporânea.

STACCIOLI, G. *Diário do acolhimento na escola da infância*. Campinas: Autores Associados, 2013.

STEFFEN, W. Great acceleration. *IGBP Poroject*, 2007. Disponível em: http://www.igbp.net/globalchange/greatacceleration.4.1b8ae20512db-692f2a680001630.html. Acesso em: 1 jun. 2020.

STEFFEN, W. et al. *Global change and the earth system*: a planet under pressure. Stockholm: IGBP, 2004.

STENGERS, I. *No tempo das catástrofes*. São Paulo: CosacNaify, 2015.

SUTTON-SMITH, B. *A ambiguidade da brincadeira*. Petrópolis: Vozes, 2017.

TAGORE, R. *Colheita de frutos*. Rio de Janeiro: MEC, 1962.

TIRIBA, L. Crianças da natureza. *In*: SEMINÁRIO NACIONAL CURRÍCULO EM MOVIMENTO, 1., 2010, Belo Horizonte. *Anais* [...]. Brasília: MEC, 2010. Disponível em: http://portal.mec.gov.br/docman/dezembro-2010-%20pdf/7161-2-9-artigo-mec-criancas-natureza-lea-tiriba/file. Acesso em: 18 abr. 2021.

TIRIBA, L. *Educação infantil como direito e alegria*: em busca de pedagogias ecológicas, populares e libertárias. Rio de Janeiro: Paz e Terra, 2018.

TIRIBA, L. Reinventando relações entre seres humanos e natureza nos espaços de educação infantil. *In*: VAMOS cuidar do Brasil: conceitos e práticas em educação ambiental na escola. Brasília: UNESCO: MEC, 2007. p. 219–227.

UNGER, N. M. Os pré-socráticos: os pensadores originários e o brilho do ser. *In*: CARVALHO, I. C. M.; GRUN, M.; TRAJBER, R. (org.). *Pensar o ambiente*: bases filosóficas para a educação ambiental. Brasília: MEC: UNESCO, 2006. p. 25–31.

VECCHI, V. Que tipo de espaço para viver bem na escola? *In*: CEPPI, G.; ZINI, M. (org.). *Crianças, espaços, relações*: como projetar ambientes para a educação infantil. Porto Alegre: Penso, 2013. p. 136–144.

VYGOTSKY, L. S. *A formação social da mente*. São Paulo: Martins Fontes, 1984.

WALDSCHULE. *In*: WIKIPEDIA [2021]. Disponível em: https://de.wikipedia.org/wiki/Waldschule. Acesso em: 18 abr. 2021.

WEBER, M. *A ética protestante e o espírito do capitalismo*. 2. ed. São Paulo: Pioneira Thomson Learning, 2001.

ZABALZA, M. A. *Qualidade em educação infantil*. Porto Alegre: Artmed, 1998.

ZUCCOLI, F. As indicações nacionais italianas: campos de experiência e arte. *In*: FINCO, D.; BARBOSA, M. C. S.; FARIA, A. L. G. (org.). *Campos de experiência na escola da infância*: contribuições italianas para inventar um currículo de educação infantil brasileiro. Campinas: Leitura Crítica, 2015. p. 199–219.

LEITURAS RECOMENDADAS

BARBOSA, M. C. S. *Projeto de cooperação técnica MEC e UFRGS para construção de orientações curriculares para a educação infantil:* práticas cotidianas na educação infantil: bases para a reflexão sobre as orientações curriculares. Brasília: MEC, 2009.

BARBOSA, M. C. S.; HORN, M. G. S. *Projetos pedagógicos na educação infantil.* Porto Alegre: Artmed, 2008.

BENEDI, D. T. *Cooperativas, talleres, huertos y granjas escolares.* Mexico: Atlante, 1940.

BONDÍA, J. L. Notas sobre a experiência e o saber de experiência. *Revista Brasileira de Educação,* n. 19, p. 20–28, 2002.

BRASIL. Decreto nº 6.094, de 24 de abril de 2007. Dispõe sobre a implementação do Plano de Metas Compromisso Todos pela Educação, pela União Federal, em regime de colaboração com Municípios, Distrito Federal e Estados, e a participação das famílias e da comunidade, mediante programas e ações de assistência técnica e financeira, visando a mobilização social pela melhoria da qualidade da educação básica. *Diário Oficial da União:* seção 1, Brasília, ano 144, n. 79, p. 5–6, 25 abr. 2007.

BRASIL. Ministério da Educação. *Diretrizes Curriculares Nacionais da educação básica.* Brasília: MEC, 2013.

BRINCAR livre em jardins Waldorf no Brasil. [*S. l.: s. n.*], 2019. 1 vídeo (31 min). Publicado pelo canal Brincar Livre Waldorf. Disponível em: https://www.youtube.com/watch?v=FvkQo1ghwts. Acesso em: 18 abr. 2021.

CARBONELL, J. *Pedagogias do século XX.* Porto Alegre: Artmed, 2003.

CHAHIN, S. B. Cidade, escola e urbanismo: o programa escola-parque de Anísio Teixeira. *In:* SEMINÁRIO DE HISTÓRIA DA CIDADE E DO URBANISMO, 14., 2016, São Carlos. *Anais* [...]. São Carlos: USP, 2016. Tema: Cidade, arquitetura e urbanismo: visões e revisões do século XX. Disponível em: https://www.iau.usp.br/shcu2016/anais/wp-content/uploads/pdfs/11.pdf. Acesso em: 18 abr. 2021.

COMENIUS, J. A. *A escola da infância.* São Paulo: UNESP, 2011.

COMITÊ CENTRAL DOS JARDINS DE INFÂNCIA SOCIALISTAS DE BERLIM; SCHMIDT, V.; REICH, W. *Elementos para uma pedagogia anti-autoritária* Porto: Escorpião, 1975. (Cadernos o homem e a sociedade, 15).

DUBREUCQ, F. *Jean-Ovide Decroly.* Recife: Massangana, 2010. (Educadores). Disponível em: http://www.dominiopublico.gov.br/download/texto/me4668.pdf. Acesso em: 18 abr. 2021.

EDWARDS, C. P.; GANDINI, L.; FORMAN, G. *As cem linguagens da criança:* a abordagem de Reggio Emilia na Educação da Primeira Infância. Porto Alegre: Artmed, 1999.

ESPAÇOS educadores sustentáveis. *Salto para o Futuro.* [S. l.]: TV Escola, ano 21, n. 7, 2011.

FREITAS, J. V. *et al.* (org.). *Reinventando o espaço escolar.* Joinville: Secretaria Municipal de Educação, 2019.

HORN, M. G. S. *Sabores, cores, sons, aromas:* a organização dos espaços na educação infantil. Porto Alegre: Artmed, 2007.

JOINVILLE. Lei nº 8043, de 02 de setembro de 2015. Aprova o Plano Municipal De Educação - PME e dá outras providências. *Diário Oficial Eletrônico do Município de Joinville*, Joinville, n. 285, 2 set. 2015.

LOVELOCK, J. *A vingança de Gaia.* Rio de Janeiro: Intrínseca, 2006.

LUTZENBERGER, J. *Ecologia:* do jardim ao poder. Porto Alegre: L&PM, 1985.

MEIRELLES, R. (org.). *Território do brincar*: diálogo com escolas. São Paulo: Instituto Alana, 2015.

MORIN, E. *A cabeça bem-feita:* repensar a reforma e reformar o pensamento. Rio de Janeiro: Bertrand do Brasil, 2000.

MOYLES, J. *et al. Fundamentos da educação infantil:* enfrentando os desafios. Porto Alegre: Artmed, 2010.

ORGANIZAÇÃO DAS NAÇÕES UNIDAS. *A Agenda 2030 para o desenvolvimento sustentável.* [201-]. Disponível em: http://www.agenda2030.org.br/sobre/#:~:text=A%20Agenda%202030%20%C3%A9%20um,dentro%20dos%20limites%20do%20planeta. Acesso em: 18 abr. 2021.

RINALDI, C. *Diálogos com Reggio Emilia:* escutar, investigar e aprender. São Paulo: Paz e Terra, 2012.

RITSCHER, P. *El jardín de los secretos:* organizar y vivir los espacios exteriores en las escuelas. Barcelona: Octaedro, 2006.

ROSA Sensat, l'educació. Palestrante: Antoni Tort. [S. l.]: L'Arxiu de la Paraula, 2014. Disponível em: http://arxiudigital.ateneubcn.cat/items/show/772. Acesso em: 18 abr. 2021.

SIMÕES, E. N. *De mãos dadas com as crianças pelos espaços da escola:* interações, brincadeiras e invenções. 2015. Dissertação (Mestrado em Educação) – Faculdade de Educação, Universidade Federal do Rio Grande do Sul, Porto Alegre, 2015.

SØRENSEN, C. T. *Parkpolitik i sogn og købstad.* København: Gyldendal, 1931.

TOYNBEE, A. *A humanidade e a mãe-terra:* uma história narrativa do mundo. 2. ed. Rio de Janeiro: Guanabara, 1987.

TONUCCI, F. *Manual de guerrilla urbana:* para niñas y niños que quieren conocer y defender sus derechos. Barcelona: Graó, 2018.

WILGUS, G. *Early childhood education:* Owen, Grace (1873-1965). c2021. Disponível em: https://schoolbag.info/pedagogy/early/208.html. Acesso em: 18 abr. 2021.

APÊNDICE

Organizações, programas, associações, movimentos e institutos nacionais que atuam na educação

Associação Instituto Toca - Trabalha com a educação infantil e os anos iniciais do ensino fundamental. Com espaço estruturado por meio de um *design* permacultural, ela trabalha com turma multisseriada, sem fins lucrativos, com uma escola de aplicação, que pesquisa inovações no campo da educação para a sustentabilidade.

Cidade Escola Ayni - A escola é gratuita e funciona no contraturno escolar. Desenvolve um ambiente de economia consciente e consumo com propósito, e o resultado financeiro de outras áreas da instituição (como cursos, jornadas, formações) é revertido integralmente para a escola. Atende crianças de 3 a 7 anos, mas a família é levada para o centro do projeto.

Escola da Floresta - Formada por um grupo de profissionais de diversas áreas que desenvolve ações educativas para conservação e preservação da biodiversidade. A escola da floresta funciona como uma atividade de extensão na formação dada pela escola formal aos alunos da educação infantil e do ensino fundamental por meio de roteiros educativos e projetos ambientais.

Espaço Terracota - É um lugar que oferece encontros e condições de tempo e espaço para as crianças se expressarem livremente por meio do brincar, da arte, do lúdico e das vivências na natureza. Atende crianças de 1 a 7 anos, de um a cinco dias por semana, pelo período que for adequado à família.

Instituto Romã - É uma iniciativa voltada para a facilitação da aprendizagem com a natureza, de forma delicada, sensível e profunda. Atua nas áreas de educação e desenvolvimento humano.

Nosso Quintal - Promove encontros em áreas naturais, três vezes por semana, por um período de três horas, com grupo formados por até nove crianças com idades entre 2 e 6 anos. O planejamento pedagógico é desenvolvido em conjunto com os educadores.

OCA – Infância Viva - É um espaço pensado e organizado para integrar crianças ao convívio com a natureza por meio do brincar no contraturno escolar. Também promove trilhas e acampamentos. Valoriza a presença dos quatro elementos da natureza (terra, fogo, água e ar).

Parque de Bambu - Trata-se de um grupo de brincantes que organiza espaços para brincar, para a vivência e a convivência de pessoas de todas as idades. É um Coletivo de criação lúdica e sustentável formado por pessoas que têm em comum a paixão pelo brincar, pela natureza e pelo bambu.

Programa Criança e Natureza (Instituto Alana) - Busca favorecer o acesso e o contato direto de todas as crianças com a natureza, como uma inovação urbana e social, para o bem-estar da infância e do planeta. Traça estratégias e ações (como encontros e seminários) que envolvem a sociedade civil, organizações e o poder público.

Programa Eco-Escolas - Atualmente é um dos maiores programas internacionais de sustentabilidade para escolas, presente em 58 países, com cerca de 4.400 escolas inscritas e com a participação de mais de 2,6 milhões de estudantes. No Brasil, o Eco-Escolas começou em 2008, por meio de seu operador nacional, o Instituto Ambientes em Rede (IAR).

Programa Escola Inkiri (Instituto Inkiri) - Recebe crianças e adolescentes de 3 a 14 anos, abrindo espaço para que eles possam simplesmente ser, experimentando suas potencialidades, nas diferentes dimensões: ser (eu comigo), social (eu com o outro), planetária (eu no mundo). O instituto promove cursos, retiros e programas de imersão.

Programa Ser Criança é Natural (Instituto Romã) - Voltado a revelar a importância da natureza para o desenvolvimento da criança, tem diversas iniciativas, tais como cursos, palestras, vivências, produção de materiais e publicações.

Programa Sharing Nature Brasil - A Sharing Nature Worldwide foi fundada em 1979 pelo educador naturalista Joseph Cornell para difundir as atividades e o método de trabalho criados por ele. É uma instituição dedicada a conduzir as pessoas de todas as idades a experienciar e aprofundar a unidade e a harmonia existentes entre todas as formas de vida. A expressão "vivências com a natureza" é a versão para o português de *sharing nature*. No Brasil, oferece cursos de formação presenciais e a distância, tradução e publicação de textos relacionados, palestras e vivências.

Quintal das Crianças - É um espaço de aprendizagens e convívio infantil na natureza que promove a autonomia por meio da cultura do brincar. Institucionalmente, é um coletivo de famílias e educadores que compõem uma associação sem fins lucrativos. Recebe crianças de 1 a 8 anos, de segunda a sexta-feira, em período parcial, estendido e integral.